IMPLACÁVEL

TAMBÉM POR TIM S. GROVER

Jump Attack

TIM S. GROVER
com Shari Lesser Wenk

IMPLACÁVEL

DE BOM PARA ÓTIMO PARA
SEM LIMITES

ALTA BOOKS
E D I T O R A
Rio de Janeiro, 2022

Implacável

Copyright © 2022 da Starlin Alta Editora e Consultoria Eireli.
ISBN: 978-65-5520-807-8

Translated from original *Relentless*. Copyright © 2013 by Relentless Publishing, LLC. ISBN 978-1-4767-1093-8. This translation is published and sold by permission of SCRIBNER a Division of Simon & Schuster, Inc, the owner of all rights to publish and sell the same. PORTUGUESE language edition published by Starlin Alta Editora e Consultoria Eireli, Copyright © 2022 by Starlin Alta Editora e Consultoria Eireli.

Impresso no Brasil — 1ª Edição, 2022 — Edição revisada conforme o Acordo Ortográfico da Língua Portuguesa de 2009.

Dados Internacionais de Catalogação na Publicação (CIP) de acordo com ISBD

G883i   Grover, Tim S.
    Implacável: de bom para ótimo para sem limites / Tim S. Grover, Shari Lesser Wenk ; traduzido por Renan Amorim. – Rio de Janeiro : Alta Books, 2022.
    256 p. ; 16cm x 23cm.

    Tradução de: Relentless: From Good To Great To Unstoppable
    Inclui índice.
    ISBN: 978-65-5520-807-8

    1. Autoajuda. 2. Motivacional. I. Wenk, Shari Lesser. II. Amorim, Renan. III. Título.

2022-795
    CDD 158.1
    CDU 159.947

Elaborado por Odílio Hilario Moreira Junior - CRB-8/9949

Índice para catálogo sistemático:
1. Autoajuda 158.1
2. Autoajuda 159.947

Todos os direitos estão reservados e protegidos por Lei. Nenhuma parte deste livro, sem autorização prévia por escrito da editora, poderá ser reproduzida ou transmitida. A violação dos Direitos Autorais é crime estabelecido na Lei nº 9.610/98 e com punição de acordo com o artigo 184 do Código Penal.

A editora não se responsabiliza pelo conteúdo da obra, formulada exclusivamente pelo(s) autor(es).

Marcas Registradas: Todos os termos mencionados e reconhecidos como Marca Registrada e/ou Comercial são de responsabilidade de seus proprietários. A editora informa não estar associada a nenhum produto e/ou fornecedor apresentado no livro.

Erratas e arquivos de apoio: No site da editora relatamos, com a devida correção, qualquer erro encontrado em nossos livros, bem como disponibilizamos arquivos de apoio se aplicáveis à obra em questão.

Acesse o site **www.altabooks.com.br** e procure pelo título do livro desejado para ter acesso às erratas, aos arquivos de apoio e/ou a outros conteúdos aplicáveis à obra.

Suporte Técnico: A obra é comercializada na forma em que está, sem direito a suporte técnico ou orientação pessoal/exclusiva ao leitor.

A editora não se responsabiliza pela manutenção, atualização e idioma dos sites referidos pelos autores nesta obra.

Produção Editorial
Editora Alta Books

Diretor Editorial
Anderson Vieira
anderson.vieira@altabooks.com.br

Editor
José Ruggeri
j.ruggeri@altabooks.com.br

Gerência Comercial
Claudio Lima
claudio@altabooks.com.br

Gerência Marketing
Andrea Guatiello
marketing@altabooks.com.br

Coordenação Comercial
Thiago Biaggi

Coordenação de Eventos
Viviane Paiva
comercial@altabooks.com.br

Coordenação ADM/Finc.
Solange Souza

Direitos Autorais
Raquel Porto
rights@altabooks.com.br

Assistente Editorial
Gabriela Paiva

Produtores Editoriais
Illysabelle Trajano
Maria de Lourdes Borges
Paulo Gomes
Thales Silva
Thiê Alves

Equipe Comercial
Adriana Baricelli
Daiana Costa
Fillipe Amorim
Heber Garcia
Kaique Luiz
Maira Conceição
Victor Hugo Morais

Equipe Editorial
Beatriz de Assis
Brenda Rodrigues
Caroline David
Henrique Waldez
Marcelli Ferreira
Mariana Portugal

Marketing Editorial
Jessica Nogueira
Livia Carvalho
Marcelo Santos
Pedro Guimarães
Thiago Brito

Atuaram na edição desta obra:

Tradução
Renan Amorim

Copidesque
Vanessa Schein

Revisão Gramatical
Alessandro Thomé
Maíra Meyer

Diagramação
Joyce Matos

Capa
Marcelli Ferreira

Editora afiliada à: ASSOCIADO

Rua Viúva Cláudio, 291 – Bairro Industrial do Jacaré
CEP: 20.970-031 – Rio de Janeiro (RJ)
Tels.: (21) 3278-8069 / 3278-8419
www.altabooks.com.br – altabooks@altabooks.com.br
Ouvidoria: ouvidoria@altabooks.com.br

Para meus pais,
Surjit e Rattan Grover,
cujo amor e apoio me ensinaram
o que realmente significa ser implacável.
Tudo o que tenho, tudo o que sou
é graças a eles.

Sumário

Não Pense   1

Quanto Mais Limpos Somos, Mais Sujos Ficamos   15

Nº1. Os Limpadores...

... esforçam-se cada vez mais, enquanto todos os demais
acham que já fizeram o suficiente.   33

... concentram-se, desligando-se de todo o resto e
controlando o incontrolável.   51

... sabem exatamente quem são.   67

... têm um lado obscuro que se recusa a ser ensinado a ser bonzinho.   81

... não são intimidados pela pressão, mas prosperam por causa dela.   95

... quando todos estão apertando o botão de emergência,
significa que estão pedindo ajuda aos Limpadores.   107

... não competem com ninguém, mas descobrem qual
é a fraqueza do oponente e o atacam.   123

Sumário

... não dão sugestões, mas tomam decisões; sabem as respostas,
enquanto todos os demais ainda estão fazendo perguntas.   141

... não precisam amar o trabalho, mas são viciados nos resultados.   155

... preferem ser temidos a amados.   169

... confiam em poucas pessoas, e elas nunca os deixam na mão.   183

... não reconhecem o fracasso; sabem que existe mais de
uma maneira de obter o que desejam.   197

... não celebram suas conquistas porque sempre querem mais.   213

Agradecimentos   225

Índice   239

IMPLACÁVEL

NÃO PENSE

Já eram 22h quando o Chevrolet Suburban preto parou na frente dos portões de segurança do Attack Athletics, meu centro de treinamento no West Side de Chicago. Isso não era incomum. Atletas profissionais vinham o tempo todo ao lugar onde Michael Jordan, Kobe Bryant e Dwyane Wade tinham armários permanentes, onde inúmeros superastros iam para treinar, jogar bola ou simplesmente passar um tempo com outras pessoas que os entendiam.

Nessa noite específica, porém, só havia uma pessoa na academia, e ninguém mais sabia que ele estava lá, nem seu time, nem a mídia, nem sua família. Os membros do seu time estavam em um hotel a 3.200km de distância; os repórteres estavam ligando para ele sem parar e enchendo seu celular de mensagens.

E estávamos no meio das eliminatórias da NBA, sendo que, dentro de 72 horas, ele deveria estar de volta à quadra.

Na noite anterior, o mundo inteiro o havia visto mancar de dor. Agora, todos queriam estar a par da história. Ele está bem? Ele vai poder jogar? "Estou bem", disse ele na conferência de imprensa após o jogo. "Ele está bem", disse o treinador, que não fazia ideia de onde seu astro estava naquela noite. "Vamos lhe providenciar tratamento e ele logo estará pronto para outra", disse o gerente geral, que já sabia que o jogador não chegaria nem perto da equipe de treinamento do time.

Por fim, quando ficou sozinho na privacidade de seu quarto, no hotel do time, ele ligou para um número confidencial que está salvo nos celulares de inúmeros atletas ao redor do mundo.

"Preciso de ajuda", ele disse.

"Quando você pode vir aqui?", perguntei.

Entrar em contato comigo sem ninguém saber é a parte fácil quando se é um atleta de elite: basta reservar um avião, escolher um segurança e ir — confidencialidade garantida. Em geral, a parte mais difícil é quando o atleta chega, quer ele esteja precisando de uma intervenção emergencial, de um programa de longo prazo ou de um chute psicológico no traseiro. Alguns vêm achando que preencherão alguma papelada e farão alguns alongamentos. Uma hora depois, porém, eles estão suando em bicas e vomitando em uma lixeira.

Mas naquela noite, esse jogador e eu sabíamos que o verdadeiro problema não era físico; era o fim da temporada, e todo mundo tinha alguma lesão. Eu não conseguiria resolver um problema grande demais em algumas poucas horas, e a equipe de treinamento do time poderia cuidar de problemas normais. Vamos ser honestos: ninguém freta um avião em segredo e voa 3.200km para receber uma compressa de gelo e um band-aid. Podemos

IMPLACÁVEL

nos adaptar às limitações — ajuste seu arremesso assim; empurre desse jeito; pise assim; faça isso antes do jogo; faça isso no interva- lo; faça alguma coisa com esses tênis; ignore a dor por enquanto; você sentirá um incômodo, acostume-se; pense em tudo o que fará e não deixe nada ao acaso. Se seguir o plano, ele estará fisica- mente pronto para jogar. Ou tão pronto quanto possível.

Mentalmente, porém, a história é outra... e foi por isso que ele me ligou. Ele ouviu toda aquela conversa sobre se estava pronto para jogar, se podia dar conta do recado, se havia perdido aquele algo a mais... E agora até ele tinha dúvidas.

A pressão o estava afetando. A pressão externa que distrai e tira nosso foco, não a pressão interna que nos motiva a superar qualquer coisa.

E em vez de ignorar tudo isso e confiar em seus instintos e em sua habilidade natural, ele começou a pensar sobre isso.

Ele voou 3.200km para me ouvir dizer estas duas palavras: *Não pense.*

Você já sabe o que precisa fazer e como fazer.

O que o está impedindo?

Para ser o melhor, seja no esporte, nos negócios ou em qualquer outro aspecto da vida, não basta chegar ao topo; precisamos che- gar lá e subir ainda mais, porque sempre haverá alguém atrás de nós tentando nos alcançar. A maioria das pessoas está disposta a se contentar com "bom o suficiente". Mas se quisermos ir além de nossos limites, essas palavras não significarão nada para nós. Ser o melhor significa planejar nossa vida para nunca parar, até conseguirmos o que queremos; e quando conseguimos isso, esta- belecemos uma nova meta e corremos atrás dela, indo cada vez mais longe.

De modo implacável.

Se isso o descreve, este livro é a história de sua vida. Você é o que chamo de Limpador, o competidor mais intenso e motivado que se possa imaginar. Ele recusa limites. Quieta e vigorosamente, faz o que for necessário para obter o que deseja. Ele entende o vício insaciável pelo sucesso, o que define sua vida inteira.

Se isso ainda não o descreve, parabéns: você iniciará uma jornada que mudará sua vida e, por meio dela, descobrirá esse poder que já está dentro de você.

Este não é um livro motivacional. Se já está lendo este livro, você já está motivado. Agora precisa transformar isso em ação e resultados.

Podemos ler slogans motivacionais o dia inteiro e, ainda assim, não ter a menor ideia do que fazer para chegar aonde queremos. Querer algo não nos leva a lugar nenhum. Tentar ser outra pessoa não nos leva a lugar nenhum. Esperar que alguém ou alguma coisa venha e acenda nosso fogo não nos leva a lugar nenhum.

Então, como chegar lá?

Acredite nisto: tudo de que você precisa para se tornar alguém grandioso já está dentro de você. Todas as suas ambições e seus segredos, seus sonhos mais sombrios… eles só estão esperando que você os libere.

O que o está impedindo?

A maioria das pessoas desiste porque todo mundo já lhes disse que elas não podem fazer determinada coisa, e é mais fácil permanecer em segurança, na sua zona de conforto. Então elas ficam em cima do muro, incapazes de decidir e de agir.

Mas se não fizermos nenhuma escolha, a escolha será feita por nós.

É hora de parar de ouvir o que todo o mundo diz sobre nós e de permitir a elas que nos digam o que devemos fazer, como devemos agir e nos sentir. Devemos lhes permitir que nos julguem pelos nossos resultados, e nada mais; não é da conta delas como chegaremos aonde queremos. Se formos implacáveis, não haverá nem meio termo, nem poderia, nem deveria, nem talvez. Não me diga que o copo está meio cheio ou meio vazio; ou tem algo no copo ou não.

Decida-se. Comprometa-se. Aja. Seja bem-sucedido. Repita.

Tudo neste livro gira em torno de como podemos aumentar nosso padrão de excelência, indo além do que já sabemos ou pensamos, além do que qualquer outra pessoa já tentou nos ensinar. Kobe diz que quer 6 anéis? Quero lhe dar 7. Um cara me diz que quer se recuperar de uma lesão dentro de dez semanas? Quero que ele faça isso em 8. Você quer perder 13 quilos? Perderá 15. É assim que vamos além de nossos limites — por deixar de criá-los, não apenas nos esportes, mas em tudo o que fazemos. Quero que você deseje mais e obtenha tudo o que anseia.

Não me importa quão bom você ache que é ou quão excelente os outros achem que você seja — você pode e vai melhorar. Ser implacável significa exigir mais de nós mesmos do que qualquer outra pessoa jamais pediria de nós, sabendo que, sempre que paramos, ainda podemos fazer mais. Precisamos fazer mais.

Quando nossa mente pensa "Acabei", nosso instinto diz "Próximo".

O que você não encontrará neste livro é aquele monte de baboseira sobre "paixão" e "motivação interna". Eu não tenho nenhuma estratégia tranquilizante para sonhadores que gostam de falar sobre "pensar fora da caixa". Não existe nenhuma caixa. Eu lhe mostrarei como parar de pensar sobre "como pensar" e simplesmente agir.

Nestas páginas, você lerá bastante sobre campeões como Michael Jordan, Kobe Bryant, Dwyane Wade e muitas outras pessoas de sucesso dentro e fora dos esportes. Mas este não é um livro sobre basquete, e não lhe direi como se tornar o próximo Michael Jordan. Ninguém nunca será Michael Jordan, e Kobe e Dwyane serão os primeiros a concordar com isso. Será que você chegará a jogar basquete como algum desses caras? Provavelmente não. Será que você pode aprender com sua ética de trabalho, motivação implacável e foco incondicional em suas metas? Com certeza. Será que suas chances de sucesso poderão aumentar se você aprender sobre outros que foram ou não bem-sucedidos? É claro.

Sucesso não é o mesmo que talento. O mundo está cheio de pessoas incrivelmente talentosas que não tiveram sucesso em nada. Elas vêm, fazem o que querem e, se isso não der certo, culpam todo o mundo, porque acham que seu talento deveria bastar. Mas não basta. Se queremos ser realmente bem-sucedidos, não podemos nos contentar com "muito bom". Precisamos ir além.

Veja bem, não sou psicólogo, psiquiatra ou assistente social. Não fiquei sentado em uma sala de aula estudando por décadas e coletando dados para analisar e escrever teses sobre teorias da excelência e desempenho de elite. Mas garanto que tudo o que sei, tudo o que está neste livro, se origina do acesso ilimitado que tenho a alguns dos melhores atletas de elite do mundo; entendo como eles pensam, como aprenderam, por que foram bem-sucedidos ou fracassaram… o que os motiva a ser implacáveis. Nem tudo é bonito, mas tudo é verdade. E tudo o que aprendi com eles e ensinei a eles compartilho com você por meio deste livro. Não se trata de ciência. Trata-se de instinto animal básico.

As ideias deste livro giram em torno de seguir esses instintos, encarando a verdade e eliminando desculpas que ficam entre nós e nossas metas, independentemente de quão complexas e inatingíveis elas possam parecer e de quantas pessoas nos dizem que o que queremos não pode ser feito. *Podemos* atingir essas metas.

O ponto principal é: não o ensinarei a mudar. As pessoas não mudam. Quero que você confie em quem já é e que se concentre, isolando todo aquele ruído, toda aquela negatividade, o medo, as distrações e as mentiras, e consiga obter o que deseja, independentemente do que faça.

Para chegar lá, abordarei alguns tópicos polêmicos e não me desculparei se isso o fizer se sentir desconfortável. O sucesso envolve lidar com a realidade, enfrentar nossos demônios e vícios e não aprovar tudo o que fazemos. Se está precisando de um tapinha nas costas e ouvir alguém lhe dizendo "Bom trabalho!" para se levantar do sofá, este não é o livro para você. Afinal, se queremos ir além de nossos limites, precisamos aceitar quem somos e fazer com que isso sirva a nosso favor, não contra. Pessoas realmente implacáveis — os Limpadores — são predadores com um lado obscuro, que se recusam a ser ensinados a serem bonzinhos. E quer saiba disso, quer não, você *tem* um lado obscuro. Aprenda a usá-lo, e esse será seu maior dom.

Se queremos ser os melhores no que fazemos, não podemos ficar nos perguntando se nossas ações incomodarão outras pessoas ou no que elas pensarão de nós. Eliminaremos toda a emoção da equação e faremos o que for necessário para chegar aonde queremos. Egoísmo? Talvez. Egocentrismo? Com toda a certeza. Se isso for um problema para você, leia este livro e veja se você se sentirá diferente depois.

Deste ponto em diante, sua estratégia será fazer com que todos os outros subam ao seu nível; você não baixará ao nível deles. Você nunca mais competirá com ninguém. Eles terão que competir com você. Daqui para a frente, o resultado é tudo o que importa.

No caso da pessoa que me visitou tarde da noite, ele havia perdido sua conexão com esse resultado. Ele havia ficado tão distraído com seu medo de perder que não conseguia se concentrar no que precisava fazer para vencer. Ele não conseguia impedir a onda de frustração e emoção que estava acabando com sua habilidade natural e sua confiança. Sua negatividade na quadra estava evidente; ele estava revirando os olhos para os membros de seu time e os treinadores e fazendo caretas como se estivesse morrendo lá. Os membros de seu time começaram a perceber isso e, de repente, se tornaram como tropas que estavam marchando em direção à batalha sem seu líder, desligando-se por completo. É assim que grandes times perdem: o líder não comparece. Isso acontece nos negócios todos os dias, quando o chefe exibe sua frustração nas reuniões ou perde a compostura perante seus funcionários. Ele não estava confiante, calmo, tranquilo e começou a transparecer isso aos poucos, achando que ninguém mais estava percebendo. Mas pode ter certeza de que todo o mundo percebeu e começou a entrar em pânico.

Como podemos evitar que o pânico se transforme em um colapso total? Às vezes, tudo de que precisamos é dar um passo para trás e entrar naquele lugar calmo e tranquilo, onde tudo está sob controle. O meu jogador poderia ter me pedido para entrar em um avião e ir até onde ele estava? Claro. Isso acontece em todas as temporadas com caras diferentes. Eles sabem que, se precisarem de mim, estarei lá. Mas, nesse caso, o jogador sabia que precisava de espaço, e ele estava disposto a enfrentar as consequências de ser visto deixando o time. Ele sabia que dependia dele voltar àquele espaço pessoal, no qual podemos tranquilizar nossa mente até não termos mais nenhum pensamento; onde tudo se resume ao indivíduo e aos seus instintos; onde ele está concentrado e pode agir com base na razão; onde não sente nenhuma pressão externa, só a pressão interna de provar a si mesmo continuamente, porque o próprio indivíduo deseja isso, e não outra pessoa.

"Não se concentre em perder", eu lhe disse, esperando por aquele "clique" em seus olhos, como quando sabemos que a outra pessoa entendeu. "Não se concentre em tentar, porque, se você está apenas tentando, perder ainda é uma opção. Você quer ser o melhor? Então ignore a dor, o cansaço e a pressão de agradar todo o mundo. Não deixe que seus inimigos o dominem, não deixe que eles entrem na sua cabeça. Quando tudo começar a dar errado do lado de fora, ignore; você pode permanecer calmo por dentro porque você está pronto, preparado e é o melhor no que faz. Você não precisa dizer a ninguém que vai lidar com a situação, simplesmente faça isso. Quando todo mundo começar a entrar em pânico e travar, diga: 'Sem problema.' Domine seu oponente e termine a luta.

"E depois você não precisa explicar como fez isso. Eles não entenderão, nem precisam entender. Apenas reserve um momento para ficar sozinho e avaliar o que realizou e passe para o próximo desafio."

Então, já havia amanhecido; seu avião o estava esperando para levá-lo de volta. "Termine", disse eu novamente. Clique. Ele havia entendido. Era hora de ir.

Ele olhou para seu segurança e disse: "Acabamos de sair de Oz."

Implacável é um livro sobre como atingir o impossível. Eu sei por experiência própria que todos nós podemos fazer isso. Quando ainda estava no colégio e era um jogador de basquete de 1,80m em Chicago, eu estava assistindo a um jogo da Carolina do Norte na televisão e vi Michael Jordan pela primeira vez. Ele era um calouro magrelo que se movia como eu nunca havia visto ninguém se mover antes, de forma totalmente instintiva e natural; ele simplesmente sabia o que fazer na quadra sem sequer pensar nisso. Eu não sabia nada sobre ele, mas sabia que aquele rapaz se tornaria um superastro.

Vários anos depois, consegui meu mestrado em Ciência do Exercício e estava trabalhando como treinador em um clube de saúde de Chicago, e Michael ainda era magrelo, mas havia se tornado um superastro com o Chicago Bulls. Eu havia entrado em contato com os Bulls diversas vezes na década de 1980, quando me tornei treinador, esperando ter a oportunidade de trabalhar com algum dos jogadores. Escrevi cartas para todos os jogadores, *menos* Michael, porque supus que, se ele quisesse um treinador, ele já teria um e que não seria um cara como eu, que estava apenas começando. Ninguém se interessou. Na época, os jogadores de basquete ainda não haviam começado a treinar com pesos; eles achavam que ter braços e um tronco musculosos interferiria nos arremessos.

Então, em 1989, eu li uma notícia em um jornal que dizia que Michael não aguentava mais saber que tinha menos músculos do que os jogadores do campeão mundial Detroit Pistons e do que o restante da liga. Mais uma vez, entrei em contato com os Bulls e os convenci a marcar uma reunião com o médico do time, John Hefferon, e com o treinador-chefe de atletismo, Mark Pfeil. Quais seriam as chances de que eles aconselhariam seus jogadores superastros a treinar com este treinador desconhecido que nunca havia treinado um atleta profissional? "Nenhuma", todos diziam. "Esqueça. Isso é impossível."

É claro, porém, que tudo é impossível até que alguém o faça pela primeira vez. Michael havia treinado com um treinador antes, mas, como havia lesionado as costas durante os exercícios, ele estava hesitando em tentar fazer isso novamente. Ainda assim, ele instintivamente sabia que não bastava ser o jogador de basquete mais habilidoso da história do jogo. Se quisesse se tornar mais do que uma lenda, ele precisaria se tornar um ícone; precisaria levar seu corpo até o limite. E ele estava disposto a fazer o que fosse necessário para que isso se tornasse uma realidade. Então ele disse a John e Mark para encontrarem alguém que entendesse exatamente do que ele precisava.

Alguns dias após minha primeira reunião com os Bulls, eles me convidaram para me reunir com eles novamente em seu centro de treinamento no subúrbio. Eu achava que realizaria outra entrevista com a equipe de treinamento. Não fazia ideia de que me encontraria com Michael Jordan em sua casa.

Michael e eu conversamos por uma hora, e eu lhe apresentei todo o plano. Mostrei como faríamos com que ele se tornasse cada vez mais forte, ao passo que minimizaríamos os riscos de lesões. Expliquei como cada alteração física afetaria seus arremessos e como poderíamos fazer ajustes ao longo dessa jornada para fazer seu corpo trabalhar em equilíbrio e obter o nível máximo de desempenho, o que provavelmente prolongaria sua carreira.

Ele ouviu tudo o que eu disse com muita atenção antes de responder.

"Não é possível", disse ele, por fim. "É bom demais para ser verdade. Não me parece certo."

"É verdade", eu lhe disse. "Vou lhe dar uma programação de trinta dias, detalhando exatamente o que faremos, como isso afetará seu corpo, seu jogo e sua força em geral. Vou lhe dizer como você se sentirá para que você possa se ajustar às mudanças que faremos. Vamos planejar o que você comerá, quando comerá e quando dormirá. Vamos analisar cada detalhe; não deixaremos nada ao acaso. Você verá como tudo vai se encaixar."

Ele me deu trinta dias. Eu fiquei com ele por quinze anos.

Quando finalmente se aposentou, ele disse: "Se eu o encontrar na minha vizinhança de novo, lhe dou um tiro."

Aprendemos um com o outro. Nunca vimos obstáculos ou problemas; víamos apenas situações que precisavam de soluções. E como nunca houve outro jogador como Michael Jordan, nos deparamos com várias situações que não tinham soluções aparentes. Aprendemos, erramos e aprendemos com nossos erros. E continuamos aprendendo.

Michael não era o melhor porque ele conseguia ficar tempo suficiente no ar e fazer arremessos impossíveis; ele era o melhor porque era implacável no que se refere à sua vitória, implacável ao acreditar que não havia isso de "bom o suficiente". Não importava quantas vezes ele ganhasse, não importava quão grandioso se tornasse, ele sempre queria mais e estava sempre disposto a fazer o que fosse necessário — e talvez um pouco mais — para conseguir o que queria.

Por mais de vinte anos esses valores vêm sendo os pilares sobre os quais baseio todo meu trabalho com centenas de atletas, e agora se tornaram os pilares deste livro. *Implacável* gira em torno de nunca estar satisfeito, de sempre estar voltado para se tornar o melhor e se tornar cada vez melhor. Gira em torno de encontrar aquilo que o levará ao próximo nível... mesmo que você nem saiba que existe um próximo nível. Gira em torno de enfrentar seus medos, de eliminar venenos que garantem que você fracassará. De ser temido e respeitado pela sua força e resiliência mentais, não apenas pelas suas habilidades físicas.

Independentemente de como seu copo se encontra, esvazie-o agora e permita-me enchê-lo novamente. Esqueça o que achava, no que acreditava e as opiniões que tinha... começaremos tudo de novo agora. Com o copo vazio. Essas últimas gotas são as barreiras mentais que o impedirão de se tornar melhor. Estamos caminhando para um lugar totalmente novo.

Quanto Mais Limpos Somos, Mais Sujos Ficamos

N a noite em que o Miami Heat derrotou o Oklahoma City Thunder e venceu o Campeonato de 2012 da NBA, escrevi um bilhete em uma folha de papel antes do jogo e o coloquei no meu bolso. Ele foi escrito para Dwyane Wade, meu cliente e amigo de longa data.

Dwyane havia me ligado depois do Jogo Dois das Finais e me perguntado se eu poderia voar até Miami para ver se conseguia fazer com que ele e seu joelho lesionado pudessem continuar jogando pelo restante da série. Fiquei surpreso porque, embora nosso relacionamento fosse longo e bem-sucedido, não tínhamos trabalhado juntos nas últimas duas temporadas, em parte porque ele havia escolhido ficar em Miami para treinar perto de LeBron James, membro de seu time. Mas permanecemos em contato, e,

TIM S. GROVER

como todos os meus clientes, antigos e atuais, ele sabia que eu sempre estaria à sua disposição caso precisasse de mim.

Outro jogador talvez não tivesse me ligado. Talvez tivesse confiado que LeBron carregaria o Heat nas costas até alcançar o título, ou poderia ter tentado lidar com a dor, esperando que o joelho lhe permitisse jogar mais alguns jogos. Isso é o que a maioria dos jogadores teria feito. Mas quando há um campeonato em jogo e somos Limpadores, não esperamos que os outros façam todo o trabalho nem que tudo dê certo. Fazemos todo o possível para chegar aonde precisamos.

Assim, com a série empatada em 1 a 1, peguei um voo até Miami. Era óbvio que o joelho de Dwyane precisaria passar por uma cirurgia logo após a temporada; não poderíamos improvisar uma solução rápida para isso. Eu lhe disse que faria o possível para que ele pudesse se sentir mais forte e mais explosivo nos dias seguintes.

Também lhe disse que aquele anel do campeonato de 2006 não seria o suficiente; ele precisaria de pelo menos três para que sua carreira pudesse ser considerada significativa.

Mas é isto o que eu realmente gostaria de ter lhe dito: *Quando uma pessoa é um dos melhores atletas do seu esporte, ela não anuncia que está "velha" ao chegar aos 30 anos, pronta para passar o time para jogadores mais novos. Se pensamos como velhos, nos tornamos velhos. Não muito tempo atrás, você ganhou o título de pontuação da NBA após ter passado por cirurgias simultâneas de joelho e ombro, e graças à sua força de vontade, passou por dois meses exaustivos de reabilitação que qualquer outra pessoa levaria três meses para concluir. Você fez aquilo. Não me diga que não pode fazer isso.*

Nos dias seguintes, trabalhamos em coisas que ele não havia trabalhado há muito tempo, às vezes até às 2 horas da manhã, sozinhos, em uma arena longe dos membros de seu time, da mídia e de outras distrações. Pela primeira vez em muito tempo, tudo girava em torno dele. O Heat venceu o Jogo Três e, depois, o Jogo Quatro, liderando a série em 3 a 1. Faltava apenas uma vitória, ou o campo de batalha seria em Oklahoma City, dando ao Thunder a vantagem de jogar em casa. Esse era o momento de encerrar a luta!

Grande parte de nosso trabalho foi físico; seu corpo estava despertando de maneiras que ele não experimentava há muito tempo. No entanto, assim como acontece com todos os competidores sérios, o componente-chave era mental.

Ele precisava encontrar uma maneira de voltar a ser o verdadeiro Dwyane Wade, e não apenas um dos aclamados "Três Grandes" do Miami Heat. Ele já estava tão acostumado a dividir o palco com LeBron, Chris Bosh e com o restante do time, que havia se esquecido de onde veio, de quanto havia se esforçado para ser um dos melhores.

Eu não acredito em conversas ou discursos motivacionais longos e vazios; qualquer coisa que exija uma longa explicação provavelmente não é verdade. E quando digo algo a um de meus jogadores, ele sabe que estou falando a verdade.

Na noite do Jogo Cinco, quando o Heat conquistou o título, eu tinha um bilhete no meu bolso que dizia:

"Para conseguir o que realmente desejamos, primeiro precisamos ser quem realmente somos."

Eu queria que ele voltasse a se sentir como naquela época em que tudo não girava em torno de fumaça, luzes, hype ou em manter todo o mundo feliz. Quando tudo girava em torno do que acontecia em quadra, quando ele lutou contra a vida para chegar lá, quando qualquer um que havia ferrado com ele teria uma explosão de 48 minutos de raiva controlada. Era hora de confiar no que ele sentia, e não no que todo o mundo estava dizendo sobre

TIM S. GROVER

como ele deveria se sentir. *Este é o seu nome na camiseta. Faça com que eles se lembrem de quem você é. Pegue o que é seu.*

Naquela noite, quando os jovens e determinados jogadores do Oklahoma City Thunder tentaram não ser eliminados e fracassaram, Dwyane era puro instinto assassino, focado, explosivo, dominante e agressivo. Embora outros tenham apresentado um ótimo desempenho — Mike Miller, Shane Battier e outros elevaram o nível de seu jogo além de todas as expectativas —, conforme o tempo acabava, foram a tranquilidade, a intensa confiança, o comprometimento e a liderança de Dwyane que fizeram com que eles ganhassem o campeonato e o que lhe garantiu aquele segundo anel.

Nunca lhe entreguei aquele bilhete. Não precisei. Naquela noite, ele foi implacável.

Ser implacável significa nunca estar satisfeito. Significa criar novos objetivos todas as vezes que atingimos nosso máximo pessoal. Se somos bons, isso quer dizer que não pararemos até sermos ótimos. Se somos ótimos, isso quer dizer que lutaremos até deixarmos de ter limites.

É isso que significa ser um Limpador.

Estamos acostumados a ouvir falar que os Fechadores são a quintessência do competidor, são os caras com quem sempre podemos contar para terminar o jogo, ou fechar um acordo, ou conseguir aquilo de que precisamos. O Fechador faz o que deveria fazer, recebe o crédito e vai para casa feliz, como um herói.

Esqueça isso. Pense maior. Existe um nível ainda mais alto, que todos podem atingir, mas que, por ser tão especial, a maioria das pessoas sequer sonha em alcançar.

Pense em Michael Jordan, a quintessência do Limpador.

Michael nunca se preocupou em simplesmente ser grande. Ele se preocupava em ser o melhor. Sempre.

Não há nada de errado em ser ótimo. É melhor do que ser bom. Ser ótimo é ser excelente, o que é difícil de realizar e algo de que se orgulhar.

Mas isso não faz de ninguém o melhor.

A grandeza faz da pessoa uma lenda; ser o melhor faz dela um ícone. Se quiser ser grande, é preciso entregar o que ninguém espera. Se quiser ser a melhor, ela precisa entregar um milagre.

Isso não se aplica apenas ao desempenho esportivo; existem Limpadores em todas as esferas da vida. Considere a elite de qualquer grupo — os maiores atletas, os CEOs mais ricos, os alunos mais inteligentes ou os bombeiros mais fortes, não importa — e ficará óbvio que, embora eles sejam ótimos no que fazem, alguns sempre atuarão em um nível diferente. Pense, por exemplo, no famoso Dream Team (Time dos Sonhos) de 1992, com onze jogadores no Hall da Fama; provavelmente poderíamos separar um ou dois do restante. Todos eram talentosos. Mas alguns sempre serão considerados os melhores de todos os tempos.

Michael estabeleceu o padrão de instinto assassino e impulso competitivo. Toda vez que o Chicago Bulls vencia outro campeonato — foram seis —, ele não erguia apenas a quantidade de dedos para os anéis que havia ganhado; ele erguia um dedo a mais para o próximo campeonato. Após a primeira vitória, ele ergueu dois; após a segunda, ergueu três... após a quinta, ergueu seis. Voltávamos para o vestiário, que tinha champanhe escorrendo pelas paredes, e ele já estava me falando sobre o que precisaríamos trabalhar na próxima temporada. Um ano antes de tirar seu ano sabático para jogar beisebol, ele já estava falando em meu ouvido sobre exercícios de beisebol. Nunca satisfeito, nunca contente, sempre indo cada vez mais alto.

TIM S. GROVER

Isso é ser um Limpador.

Larry Bird é um Limpador. Kobe, Dwyane... Limpadores. Pat Riley. Phil Jackson. Charles Barkley. Existe um punhado deles no jogo hoje em dia; não muitos, e provavelmente não aqueles de quem você suspeita — a fama não faz com que alguém automaticamente se torne um Limpador, mas, sim, a vitória; e vencer mais de uma vez, fazendo isso repetidas vezes. No mundo dos negócios, nos referimos a Bill Gates e ao falecido Steve Jobs. A maioria dos donos de times são Limpadores — caras como Jerry Jones, Mark Cuban e Jerry Reinsdorf, que administram seus times com a mesma atitude implacável que fez com que eles se tornassem gigantes empresariais. A maioria dos presidentes são Limpadores, e boa sorte para aqueles que não são e querem ser reeleitos.

Existem outros em todas as esferas da vida; deixarei que você pense em alguns. Lembre-se: não é uma questão de talento, inteligência ou riqueza. Trata-se daquele instintivo implacável de fazer o que for necessário — qualquer coisa — para chegar ao topo e permanecer lá. Dwyane não era o jogador mais habilidoso em quadra na noite em que o Heat conquistou o título, mas era o único que sabia o que todos os outros precisavam fazer para vencer. Isso é o que os campeões fazem; para obter resultados, eles colocam as pessoas em seus respectivos lugares e fazem com que todos ao seu redor pareçam melhores.

A atitude de um Limpador pode ser resumida em três palavras: *Estou com tudo*. Ele chega com confiança e gera resultados. Um Limpador tem a coragem e a visão de manobrar tudo para obter uma vantagem própria. Ninguém nunca sabe o que ele fará, mas sabemos que alguma coisa acontecerá, e tudo o que podemos fazer é esperar para ver o que será, com o devido temor e respeito por sua habilidade de lidar com qualquer coisa sem discussão ou análise. Ele simplesmente sabe.

Ser um Limpador não tem quase nada a ver com talento. Todo o mundo tem certo grau de talento; isso nem sempre resulta em sucesso. Aqueles que alcançam esse nível de excelência não se baseiam em seu talento. Eles se concentram totalmente em assumir a responsabilidade e comandar, quer estejam competindo nos esportes, cuidando de uma família, administrando um negócio ou dirigindo um ônibus; eles decidem como realizar o serviço e, então, fazem o que for necessário para atingir seus objetivos. Essas serão as pessoas mais motivadas que conheceremos, com um gênio sem igual para atuar em seu ramo: elas não apenas fazem seu trabalho, elas o reinventam. *Estou com tudo.* Estou falando do garçom que sabe o que cada um de seus clientes bebe e como gostam da sua carne. Todo mundo na cidade quer sentar às mesas que ele atende e todos deixam gorjetas gordas porque apreciam a excelência. Estou falando do professor que não desiste até que todos os alunos tenham entendido as lições; do assistente administrativo que ganha mais do que alguns executivos por saber do que o seu chefe precisa antes mesmo de ele saber; do pai que trabalha horas extras para pagar as contas e mandar os filhos para a faculdade. Estou falando do motorista que entra no ônibus todos os dias, conhece todos os passageiros, onde entram e onde descem, sempre sorrindo e sendo amigável, mas secretamente pensando: *Este é o meu maldito ônibus e não aceitarei gracinhas dentro dele; ele estará limpo, chegará na hora, e qualquer pessoa que mexer comigo ou com meu ônibus descerá dele e seguirá o caminho a pé.*

Os Navy SEALs são Limpadores. Eles se concentram em sua missão e não param por nada até executá-la; eles sabem o que deve ser feito e o fazem. Esperam ser bem-sucedidos, e, quando isso acontece, não celebram por muito tempo, porque sempre há o que fazer. Toda conquista representa apenas mais um passo para o desafio seguinte; assim que atingem a meta, eles já estão sondando a próxima conquista. A maior parte de seu trabalho é realizada silenciosamente, por trás dos bastidores, sozinhos, sem fanfarra ou glamour. Os Limpadores não trabalham para se exibir nem vão com a maré. Um verdadeiro Limpador nunca nos diz o que está fazendo ou planejando. Descobrimos isso quando ele termina o serviço. E quando percebemos que o serviço terminou, ele já passou para o desafio seguinte.

Por que os chamo de Limpadores? Porque eles se responsabilizam por tudo. Quando algo dá errado, eles não culpam outras pessoas, porque, em primeiro lugar, não contam com mais ninguém para realizar o serviço. Eles simplesmente limpam a bagunça e seguem em frente. Pense no zelador, que trabalha sozinho, em silêncio, tarde da noite. Ele não chama a atenção para si mesmo, ninguém o vê trabalhar, ninguém sabe o que ele faz, mas ele faz o trabalho. Ele precisa fazer sua parte para que todos os outros consigam trabalhar de modo eficiente. Da sua maneira, ele é o cara mais poderoso do prédio: ele tem acesso ilimitado, sabe onde tudo está e como tudo funciona. Ele tem as chaves de todas as portas; pode ir e vir sem ser percebido. Sabe o que todo mundo está fazendo e está a par de todos os segredinhos sujos: quem não foi para casa, quem entrou escondido tarde da noite, quem deixou a garrafa vazia de uísque debaixo da mesa e quem jogou uma embalagem vazia de camisinha no lixo. Ele é o cara com quem devemos falar em caso de emergência.

O Limpador nunca é a primeira pessoa que chamamos; ele é a última, quando fica claro que ninguém mais conseguirá lidar com a situação. Sem conversa, sem pânico, sem discussão.

Os Limpadores quebram as regras quando necessário; eles só se importam com o resultado. Quando as coisas dão errado e todo mundo começa a entrar em pânico, o Limpador está calmo e sereno, tranquilo e equilibrado, nunca de mais e nem de menos, nunca feliz ou triste demais. Ele nunca vê problemas, apenas situações a resolver, e quando encontra a solução, não perde tempo com explicações. Ele simplesmente diz: "Deixe comigo." E quando termina e obtém resultados, todos os outros ficam ali, parados, meneando a cabeça em descrença, imaginando como ele fez isso. O fracasso nunca é uma opção; mesmo que leve anos, ele encontrará uma maneira de usar uma situação ruim em benefício próprio, e não parará até ser bem-sucedido.

Os Limpadores têm um lado obscuro e uma zona que não podemos adentrar. Eles conseguem o que querem, mas pagam por isso com a solidão. A excelência é solitária. Eles nunca param de trabalhar, física ou mentalmente, porque isso lhes daria tempo demais para pensar no que precisariam suportar e sacrificar para chegar ao topo. A maioria das pessoas tem medo de subir tão alto porque, se fracassassem, a queda as mataria. Os Limpadores estão dispostos a morrer tentando. Eles não se preocupam em bater a cabeça no teto ou cair no chão. Não há teto. Nem chão.

Os Limpadores não podem ser inventados pela mídia ou pelo hype; eles criam a si mesmos, e o que quer que seja que obtêm, fazem por merecer. Eles nunca estão nessa pelo dinheiro; a pior coisa que um Limpador pode fazer é se vender. Ele sabe seu valor e fará com que nos lembremos disso caso cometamos o erro de esquecer. Mas o dinheiro é secundário ao que realmente o motiva, porque essa é a coisa mais importante sobre um Limpador, o que o define e o separa dos outros competidores: ele é viciado naquela sensação incrível de sucesso. Seu desejo por sucesso é tão poderoso e seu anseio é tão intenso, que ele mudará toda sua vida para obtê-lo. Mesmo assim, isso ainda não será suficiente. Assim que sente o gostinho do sucesso, ele o experimenta, sente-o em suas mãos... então o momento acaba, e ele quer mais.

Tudo o que faz é para satisfazer seu vício. Ele não ama o processo, mas ama o resultado. Sei que durante toda sua vida você já escutou conselhos como estes: "Ame o que você faz e nunca mais precisará trabalhar!" ou "Ame o que faz e o dinheiro virá em seguida." Isso pode ser verdade para algumas pessoas, mas não para um Limpador. A ideia de "amar" o que faz daria a entender que ele está satisfeito, mas um Limpador nunca está satisfeito. Nunca. Os Limpadores entendem que não precisam amar o trabalho para serem bem-sucedidos; eles simplesmente precisam ser implacáveis em sua realização, e todo o resto serve apenas para distrai-lo do prêmio final. No caso de um atleta, isso significa horas na academia, treinando, suando e sentindo dor. No caso de um empresário, significa tempo longe de casa e da família, sacrificando sua vida pessoal por ganho profissional. No caso de um professor, pode significar horas extras não pagas para ajudar cada um dos alunos a passar pelos três anos do ensino médio até entrar na faculdade. O resultado é tudo o que importa.

Mais cedo ou mais tarde, porém, todos os Limpadores devem se afastar de seu vício antes que ele os consuma e os destrua por completo. Ser um Limpador tem tudo a ver com controle, e assim que sente que está sendo controlado pelo seu vício, e não ao contrário, ele se afasta até obter o controle novamente. É por isso que vemos atletas, treinadores e CEOs cheios de gás e outros indivíduos extremamente intensos e motivados afastando-se quando se tornam os melhores entre os melhores; a pressão para ir além é grande demais. Assim, eles dão um passo para trás, ajustam o foco e costumam voltar com um apetite renovado para obter ainda mais.

Mas antes que você saia correndo achando que não pode viver assim, tenho boas notícias: não é necessário — ou mesmo possível — ser um Limpador em todos os aspectos da vida. Não precisamos ser implacáveis ou os melhores em tudo. Não podemos viver sem limites na carreira *e* nas relações *e* em outros interesses, porque atingir a excelência em alguma dessas áreas exige que digamos: "Não dou a mínima para mais nada." Se estivermos tentando ser Limpadores nos negócios, provavelmente sacrificaremos nossas relações pessoais. Se estivermos tentando ser Limpadores nos esportes, provavelmente não seremos grandes empresários. Se quisermos ser pais Limpadores, nossa carreira será afetada. Os Limpadores sacrificam o resto para obter o que mais desejam. A maioria das pessoas fica estressada com isso. Um Limpador não.

Os Limpadores não se preocupam em "conquistar tudo". Você já viu algum desses bilionários? São as pessoas mais malvestidas do grupo. Warren Buffett ainda mora na casa que ele comprou em 1958 por US$31.500. Os verdadeiros Limpadores não ligam para um estilo de vida ostentoso; eles focam o resultado. Tudo o que importa é o resultado, não a gratificação instantânea no meio do caminho.

• • •

Em meu trabalho com atletas de elite, preciso saber com quem estou lidando, seus pontos mentais fortes e fracos, até onde posso ir com eles e até onde eles estão dispostos a ir. Certo dia, durante a *off-season*, vi que havia um punhado de jogadores All-Stars e mais um punhado de potenciais jogadores All-Stars na minha academia, todos participando de nossos jogos de verão de nível NBA, organizados para descontrair. Todos os jogadores eram considerados "grandes"; ainda assim, cada um tinha um desempenho diferente, dependendo de suas motivações e limitações. Alguns estavam dispostos a dar seu melhor em cada quarto, ao passo que outros simplesmente estavam satisfeitos em jogar um pouquinho no verão. Para mim, tudo bem; mas costumo prestar bastante atenção às sutis diferenças que me mostram quanto alguém está disposto a ficar à frente dos demais. Admitamos: no mais alto nível de sucesso em qualquer área, todos já atingiram algum nível de conquista superior; ou seja, estamos falando de graduações de grandeza. Mas se queremos ser os melhores entre os melhores, são os detalhes que fazem a diferença.

Então, para me ajudar a raciocinar, criei um sistema de três níveis, o qual nunca compartilhei com ninguém antes de escrever este livro. Ele classifica tipos diferentes de competidores:

Esfriadores, Fechadores e Limpadores.

Bom, Ótimo e Sem Limites.

Podemos aplicar esses padrões a qualquer grupo de indivíduos; basta analisar nosso time, nosso escritório, nosso grupo de amigos ou nossa família. Todo mundo tem uma definição diferente de sucesso pessoal: algumas pessoas permitem que as circunstâncias da vida decidam por elas; outras definem o que querem e dizem que é "bom o suficiente" quando obtêm; por fim, existe aquele seleto grupo de pessoas que sequer consegue definir o que é sucesso, porque continua elevando o nível de seu significado. Esfriadores, Fechadores e Limpadores. Sempre descobriremos que a maior parte das pessoas é composta de Esfriadores, que uma pequena porcentagem é composta de Fechadores e que, talvez, apenas talvez, haja um Limpador no grupo. Mas se houver, perceberemos isso somente quando o virmos em ação pela primeira vez, o que será inesquecível.

Um Esfriador é cuidadoso; ele espera que alguém lhe diga o que fazer, observa o que todo mundo está fazendo e, então, segue o líder. Ele é um mediador, não um tomador de decisões; ele não toma partido a não ser que seja obrigado. Ele consegue suportar certa quantidade de pressão quando as coisas estão indo bem, mas quando as coisas ficam intensas demais, passa o problema para outra pessoa. Ele pode fazer boas jogadas, mas não é o principal responsável pelo resultado. É o cara que deixa tudo pronto, mantendo as coisas tranquilas até que o Fechador ou o Limpador possa assumir.

Um Fechador suporta bastante pressão; ele realiza o trabalho quando o colocamos diante de determinada situação e lhe dizemos exatamente o que fazer. Ele estuda todos os tipos de cenários para antecipar o que pode ocorrer, mas não se sente confortável quando algo inesperado acontece. Ele busca atenção e o crédito e sabe muito bem o que todo o mundo está fazendo e o que os outros acham dele. Ele ama as recompensas e as vantagens associadas à fama e prefere a segurança financeira à vitória ou ao sucesso.

Um Limpador raramente é compreendido, e ele prefere assim.

O que estou dizendo é o seguinte:

- Os Esfriadores têm um ótimo jogo.
- Os Fechadores têm uma ótima temporada.
- Os Limpadores têm ótimas carreiras.

- Os Esfriadores se preocupam com os oponentes e se estão à altura deles.
- Os Fechadores estudam os oponentes e planejam seu ataque com base neles.
- Os Limpadores fazem com que seus oponentes os estudem; eles não se importam sobre com quem precisarão lidar, pois sabem que dão conta de qualquer um.

TIM S. GROVER

- Os Esfriadores evitam dar o arremesso da vitória.
- Os Fechadores arremessam apenas quando sabem que têm uma boa chance de acertar.
- Os Limpadores seguem seu instinto e arremessam; eles não precisam pensar sobre isso.

- Os Esfriadores não se oferecerão para aceitar um papel com o qual não se sentem confortáveis.
- Os Fechadores aceitarão o papel quando lhes pedirmos para fazer isso e o exercerão bem se tiverem tempo suficiente para se preparar e estudar a situação.
- Os Limpadores não esperam que ninguém lhes peça nada, eles simplesmente fazem.

- Os Esfriadores deixam que outros decidam se eles serão bem-sucedidos; eles fazem o trabalho e esperam a aprovação.
- Os Fechadores se sentem bem-sucedidos quando realizam o trabalho.
- Os Limpadores não se sentem bem-sucedidos, porque sempre há mais para fazer.

- Os Esfriadores não querem carregar o time, mas são os primeiros a nos dar um tapinha nas costas quando realizamos um bom trabalho.
- Os Fechadores querem o crédito por realizar bem o trabalho e amam ser parabenizados pelo que fizeram.

- Os Limpadores raramente nos parabenizam por realizarmos bem nosso trabalho; eles simplesmente esperam que façamos isso.

- Os Esfriadores acham que querem destaque, mas, quando o conseguem, não lidam bem com ele.
- Os Fechadores ficam na frente, porque precisam mostrar quem está no comando.
- Os Limpadores não precisam mostrar quem está no comando — todo o mundo já sabe quem está no comando.

- Os Esfriadores comerão o que lhes dermos para comer.
- Os Fechadores pedirão o que querem e ficarão satisfeitos com uma ótima refeição.
- Não importa o que um Limpador come; ele sentirá fome uma hora depois de comer.

O Fechador pode vencer o jogo se tiver a oportunidade, mas o Limpador cria a oportunidade. O Fechador pode ser o astro, mas o Limpador manobrou as coisas para que isso acontecesse. Os Limpadores não precisam de um chute no traseiro. Os outros precisam.

Bom, Ótimo e Sem Limites.

• • •

Você é um Limpador?

Quase todos os Limpadores que conheci — e já conheci muitos — têm alguma combinação das características mencionadas mais adiante. Você não precisa se identificar com todas elas ao mesmo tempo, mas tenho certeza de que já experimentou pelo menos algumas delas em algum momento, algumas podem intrigá-lo, outras podem repeli-lo, mas todas elas definirão sua capacidade de ser implacável.

Elas são 13 no total e nos lembram de que não existe isso de sorte. Existem circunstâncias e resultados, e podemos controlar ambos se desejarmos. Mas se insistirmos em depender da sorte, devemos fazer como o grande Wilt Chamberlain, que acreditava que o número 13 não trazia má sorte para ele, mas, sim, para seus oponentes. É assim que um Limpador pensa.

Como você pode ver, todas as características recebem o nº 1 porque, quando vemos uma lista numerada, costumamos achar que o nº 1 é o mais importante e que todo o restante é secundário. Se a lista for longa, perdemos o interesse depois do nº 3 ou nº 4. Mas nas minhas listas, tudo tem a mesma importância. Quando um jogador pula um item de uma lista de coisas que ele precisa fazer para permanecer forte e saudável, ele não obtem nenhum resultado. Por isso, não numero nada com nº 1, nº 2, nº 3, nº 4... Numero tudo com nº 1.

O mesmo vale para este livro. Você pode ler os capítulos desta obra praticamente em qualquer ordem; e acho que o último será tão importante para você quanto o primeiro.

IMPLACÁVEL

OS IMPLACÁVEIS 13

Os Limpadores...

Nº 1   Esforçam-se cada vez mais, enquanto todos os demais acham que já fizeram o suficiente.

Nº 1   Concentram-se, desligando-se de todo o resto e controlando o incontrolável.

Nº 1   Sabem exatamente quem são.

Nº 1   Têm um lado obscuro que se recusa a ser ensinado a ser bonzinho.

Nº 1   Não são intimidados pela pressão, mas prosperam por causa dela.

Nº 1   Quando todos estão apertando o Botão de Emergência, significa que estão pedindo ajuda aos Limpadores.

Nº 1   Não competem com ninguém, mas descobrem qual é a fraqueza do oponente e o atacam.

Nº 1   Não dão sugestões, mas tomam decisões; sabem as respostas, enquanto todos os demais ainda estão fazendo perguntas.

Nº 1   Não precisam amar o trabalho, mas são viciados nos resultados.

Nº 1   Preferem ser temidos a amados.

Nº 1   Confiam em poucas pessoas, e elas nunca os deixam na mão.

Nº 1   Não reconhecem o fracasso; sabem que existe mais de uma maneira de obter o que desejam.

Nº 1   Não celebram suas conquistas, porque sempre querem mais.

31

Se você leu essa lista meneando a cabeça, pensando "Então não sou só eu", já está se tornando um Limpador.

Você se enxergará nos capítulos seguintes enquanto analisamos mais de perto cada uma das características que formam a plataforma de nosso sucesso.

Mas também sei que você deve estar se perguntando: "Por quê? Qual é a vantagem? Nunca satisfeito e movido pelo vício eterno em busca de sucesso? Por que valorizar o desconforto e a solidão? Por que alguém desejaria ter mais pressão, mais estresse e mais intensidade?"

Eu lhe digo por quê. Porque a recompensa é boa demais!

Você fará isso para conquistar algo que pouquíssimas pessoas entenderão ou realizarão.

Não lhe pedirei para se transformar em algo que não é ou não deseja ser. Eu lhe pedirei simplesmente para abrir sua mente à possibilidade de que você pode fazer muito mais com o que já tem. Se realmente deseja ir aonde jamais esteve, chegar mais alto e ir além do que você ou qualquer outra pessoa achava que fosse possível, é hora de confiar naquela voz que lhe diz para fazer o que você já sabe que consegue e se tornar realmente implacável.

Nº 1. Os Limpadores...

... esforçam-se cada vez mais, enquanto todos os demais acham que já fizeram o suficiente.

Quando trabalhamos com pessoas extremamente bem-sucedidas e famosas, devemos nos apegar ao seguinte ditado, ou não viveremos neste mundo por muito tempo: aqueles que falam não sabem, e aqueles que sabem não falam.

Eu não falo.

Meus clientes já têm exposição demais na vida deles; devem saber que o que fazemos em seu treinamento particular é direcionado a eles. Se não confiarem totalmente em mim, não poderei fazer nada.

Por esse motivo, pouco foi revelado sobre como treino meus jogadores, o que acontece em minha academia e em todos os outros lugares nos quais trabalhamos e como obtemos os resultados que fazem com que os melhores se tornem ainda melhores.

Se você estiver disposto a iniciar esta jornada em direção a um mundo de intensa competição e conquistas, estou disposto a falar sobre o que aprendi ao trabalhar com os maiores ao longo de mais de vinte anos, como trabalho com os atletas e como adquiri o conhecimento que tenho, o que esses atletas me ensinaram e o que eu lhes ensinei.

Quero que você seja capaz de pegar tudo isso e criar uma estrutura individual para conquistar o que deseja. Não precisa se preocupar em treinar como um atleta profissional — esse é um trabalho de tempo integral, e qualquer pessoa que diga que é possível "treinar como um profissional" por meio da leitura de um livro está apenas tentando vender livros. O livro pode ser um bom começo, mas sejamos honestos: treinamos como profissionais ao nos comprometermos a trabalhar no mais alto nível de intensidade, a todo momento, em tudo o que fizermos, trabalhando constantemente nosso corpo, nossas habilidades, nossa preparação e não deixando nada ao acaso. Não é algo que podemos fazer durante trinta minutos pela manhã e depois ir para o trabalho, para a escola ou cuidar de qualquer outra obrigação.

Mas podemos adotar a mentalidade de um atleta de elite e usá-la para sermos bem-sucedidos no que quer que façamos. Tudo neste livro pode ser aplicado igualmente nos esportes, nos negócios, na escola ou no que quer que façamos neste mundo.

Como o que você deseja é irrelevante, isto é, quer suas ambições o levem à academia, ao escritório ou a qualquer outro lugar em que deseje estar, sua principal fonte de poder virá do pescoço para cima, não do pescoço para baixo.

IMPLACÁVEL

Nos esportes, gastamos bastante tempo trabalhando a parte física — treinando, malhando, fazendo com que o corpo humano se torne mais rápido, mais forte e resistente do que a maioria das pessoas achava ser possível. Então, acabamos dando alguma atenção ao condicionamento mental apenas eventualmente.

Isso está errado. A excelência não trata apenas de ir para a academia e fazer exercícios; essa é a menor parte do que precisamos fazer. A habilidade física nos leva apenas até certo ponto.

O fato é que não podemos treinar nosso corpo — ou nos destacarmos em alguma coisa — sem treinar nossa mente antes. Não podemos nos comprometer com a excelência até que nossa mente esteja pronta para nos levar até lá. É preciso treinar a mente para treinar o corpo.

O domínio físico pode nos tornar grandes. O domínio mental é o que fará com que nos tornemos alguém sem limites.

Jamais teremos um método de treinamento mais poderoso do que este: fortalecer nossa mente para que nosso corpo possa acompanhá-la. A verdadeira medida de uma pessoa é determinada pelo que não podemos medir — o que é intangível. Todo mundo pode medir o peso, a altura, a força física, a velocidade... mas ninguém consegue medir o comprometimento, a persistência ou o poder intrínseco do músculo em nosso peito: o nosso coração. É aí que o verdadeiro trabalho começa: entender o que queremos obter e saber o que estamos dispostos a suportar para obtê-lo.

Quero trabalhar com pessoas que se esforçarão tanto quanto eu. Serei implacável em minha busca pela excelência e espero que você faça o mesmo. O meu nome será refletido no trabalho que faremos juntos, e o seu nome estará na camiseta. Espero que, para você, isso signifique tanto quanto significa para mim.

35

E se você precisa se perguntar se dará conta do recado, isso já quer dizer que não.

Quando treino meus atletas, exerço uma ditadura com três regras: compareça, trabalhe duro e escute. Se conseguir fazer essas três coisas, poderei ajudá-lo. Caso contrário, não poderemos nos ajudar. Farei das minhas tripas coração para ajudá-lo, mas espero que faça o mesmo por você. Não me esforçarei mais do que você se esforça em prol de seus benefícios. Mostre-me o que deseja, e eu lhe entregarei isso.

Mas precisaremos fazer isso do meu jeito. Não quero desrespeitar o treinador do seu time, seu pai ou seu massoterapeuta, mas, se eles soubessem como cuidar dos detalhes de sua situação, ou se você soubesse como fazer isso sozinho, não estaria aqui. O que faremos juntos talvez seja 20% físico. O restante é mental. Você já tem talento; o meu trabalho é lhe mostrar o que fazer com todo esse talento, para que você possa sair dessa prisão que o está restringindo. Talvez você não goste do que tenho a lhe dizer, mas, se seguir minhas instruções, terá as recompensas. Sem dúvida, já tive vários jogadores que não valiam nem US$2 milhões, mas que recebiam dez vezes mais do que isso só porque estavam em meu programa. Eles perseveraram, e isso significa algo para os times. As pessoas sabem que quem está trabalhando comigo são profissionais sérios.

Se você for um profissional, isso quer dizer que está administrando sua carreira; abordaremos as coisas dessa maneira. Seu corpo é um negócio e precisa de atenção; de outra forma, o negócio acaba, e se você se esquecer disso, pode acreditar que farei com que se lembre. Não estou aqui para pegar carona na sua fama ou no seu sucesso. Espero que ambos tenhamos o compromisso de trabalhar duro e nos dedicar, a fim de desenvolver uma relação profissional da qual ambos possamos nos orgulhar.

IMPLACÁVEL

Vejo muitos treinadores que querem ser amigos dos jogadores, procuram mantê-los felizes por terem medo de perder um cliente de renome, facilitando as coisas quando os jogadores dizem: "Chega." Acredite quando digo: não preciso ser seu amigo. Você já tem muitos amigos para lhe dizer como é bom. O que você e eu fazemos é profissional, não pessoal. Se acabarmos sendo amigos, ótimo. Mas o mais importante para mim é cuidarmos de sua carreira e de seu futuro.

Alguns jogadores gostam de estar envolvidos no planejamento do que nosso trabalho envolverá; ou preferem deixar que eu cuide dos detalhes. Kobe gosta de participar do processo de descobrir o que precisamos fazer juntos; Michael também. Kobe viria até mim e me diria algo do tipo: "Ouça, quando pulo com a minha perna esquerda, sinto dor no joelho." Então voltaríamos e refaríamos seus passos: "Quando você começou a sentir isso? Em qual parte do jogo?" Em seguida, eu assistiria ao vídeo do jogo e observaria tudo o que ele fez, procurando por algo que poderia ter afetado aquele joelho. Ou será que foi algo que fizemos juntos durante os exercícios? Então, revisaria os exercícios para ver se fizemos algo que poderia ter lesionado alguma coisa. Depois eu lhe diria: "Você se lembra do jogo em Utah, durante aquela jogada, quando isso e isso aconteceu...?" Quando ele entendesse do que estávamos falando, revisaríamos a situação até que eu pudesse lhe dizer com alguma certeza: "Acho que o problema no seu joelho deve ter começado aqui, e agora precisamos fazer isso e aquilo para consertá-lo." Colaboração total.

Dessa forma, fico feliz em ouvir suas ideias e tudo o que você tem a me dizer. Mas quando você trabalha comigo, concorda em me deixar fazer o que faço. Não há outra opção. A maioria das pessoas tem opções demais e raramente escolhem a mais difícil. "Você quer fazer exercícios durante noventa minutos ou trinta minutos?" A maioria das pessoas escolhe trinta minutos. "Aqui, experimente isso. Mas se for difícil demais, podemos deixar mais fácil." E elas automaticamente querem as coisas mais fáceis. Assim, não dou opções. Você não precisará pensar em nada. Pode deixar que pensarei por nós dois. Facilitarei sua vida ao fazer toda a lição de casa e ao lhe dar as respostas para a prova. Apenas compareça, trabalhe duro e escute. Essa é a sua parte do trato. Trabalhe.

TRA-BA-LHE. Todos os dias precisamos fazer coisas que não queremos fazer. Todos os dias. Desafie-se a sair da sua zona de conforto, indo além da apatia, da preguiça e do medo. Senão, no dia seguinte, você precisará fazer duas coisas que não quer fazer, depois três, quatro, cinco... logo não conseguirá fazer nem a primeira. Então, tudo o que poderá fazer é criticar-se por causa da bagunça que criou, e, além das barreiras físicas, terá uma barreira mental.

No caso de meus atletas, sou a coisa que eles não querem fazer. Para você, talvez seja algo no escritório, em casa ou na academia. De qualquer maneira, você precisa fazer essas coisas ou não se tornará o melhor e, com toda certeza, não se tornará implacável.

Os Limpadores fazem as coisas mais difíceis primeiro apenas para mostrar que não existe uma tarefa grande demais. Talvez não fiquem felizes ao fazê-la, nunca vão amá-la, mas sempre estão pensando no destino, não na estrada esburacada que os leva até lá. Eles fazem o que precisam fazer porque sabem que é necessário e, em geral, não precisamos lhes pedir duas vezes para fazer algo. Muito provavelmente, enquanto todos estão jogados para um lado, completamente exaustos, eles desejarão fazer tudo novamente e dirão que a segunda vez foi melhor.

Obviamente, a maioria das pessoas muito bem-sucedidas não está acostumada a receber ordens. Sim, sei que o pessoal do seu time não o obriga a fazer isso, e esse é o problema; eles não podem dispensá-lo quando você não comparece ou se recusa a fazer todo o trabalho. Eu posso. Os tanques de água quente e de água fria, as terapias, ficar até tarde da noite... quando começamos a trabalhar juntos, já não depende mais de você. A cooperação é obrigatória. Se você peitar alguém da minha equipe e se recusar a entrar no tanque de água fria, esse alguém me informará, para que eu possa chegar e dizer: "Entre nesse maldito tanque!" E a menos que alguma coisa dramática tenha lhe acontecido nas últimas 24 horas da qual eu não esteja ciente e que possa fazer com que eu mude de ideia, você vai entrar no tanque.

Sim, sei que isso é desconfortável. Não estou lhe pedindo para gostar disso. Estou lhe pedindo para ansiar pelo resultado com tamanha intensidade a ponto de o trabalho se tornar irrelevante. Se isso faz com que você se sinta melhor, não facilito as coisas do meu lado também. Eu poderia pegar esses grandes atletas, mantê-los em seu nível de aptidão, mantê-los saudáveis, e todo mundo continuaria contente. Mas meu desafio é pegar alguém grande e fazer com que ele se torne melhor. Michael, Kobe, Dwyane, os meus jogadores do Hall da Fama — Hakeem Olajuwon, Charles Barkley, Scottie Pippen — e muitos outros... eles vieram até mim porque não estavam satisfeitos em continuar do jeito que estavam. Eles se comprometeram a superar a dor e o desconforto para chegar perto da perfeição e sabiam que eu forçaria cada vez mais até que eles superassem suas metas. Se começamos com alguém mediano, alguém com expectativas limitadas, qualquer coisa já é um avanço. Qualquer um pode fazer isso. Mas quando trabalhamos com alguém que já é o melhor em seu ramo, as oportunidades de crescimento são menos óbvias. Eu analiso cada detalhe, cada pequena variável, para ver no que podemos trabalhar, qualquer coisa que possa nos dar a mais mínima vantagem. De início, eu treinava apenas o Michael; depois, incluímos outros jogadores do Bulls. Michael costumava me dizer: "Não estou pagando você para me treinar. Estou pagando para não treinar mais ninguém." Ele não queria que mais ninguém tivesse aquela vantagem.

Embora isso possa ser lisonjeador, a verdade é a seguinte: nenhum treinador ou especialista pode fazer com que alguém se torne bom, ótimo ou sem limites, se esse alguém não fizer o trabalho, se simplesmente ficar esperando que outra pessoa faça as coisas acontecerem para ele. Tudo depende de você. E é por isso que estou lhe dizendo tudo isso, não porque quero lhe dizer o que faço pelos meus jogadores, mas porque quero que saiba o que *você* precisa fazer por você mesmo.

Em resumo: se quiser obter algum sucesso, você precisará se sentir confortável com o desconforto. Toda vez que pensar que não consegue, faça mesmo assim. O último quilômetro, a última série, os últimos cinco minutos no relógio... Você precisará jogar o último jogo da temporada com a mesma intensidade que jogou o primeiro. Quando seu corpo não estiver aguentando mais e gritar "De jeito nenhum, seu animal!", esforce-se ainda mais e diga para si mesmo: "Faça! Agora!"

Você controla seu corpo, e não o contrário. Você ignora o medo, as emoções e o estresse físico e faz o que teme. Você não vai com a maré e espera o tempo acabar. Você investe no que começou, esforçando-se cada vez mais para ir muito além de onde jamais esteve.

Isso não é nenhum filme de Hollywood ou comercial de sapatos com uma trilha sonora contagiante e efeitos especiais. Sem drama. Sem finais fantasiosos. Se quiser uma história alegre sobre um treinador que leva um cara da ruína para a riqueza, com um final gostoso e caloroso, vá assistir a um filme do *Rocky*. Esta é a vida real. Se você desmaiar no meio de meus exercícios, não ficarei do seu lado para incentivá-lo a se levantar com compaixão e apoio. Vou me certificar de que você ainda está respirando e o largarei lá. Uma vez que tiver acordado e limpado seu vômito, venha me procurar, e voltaremos ao trabalho.

Sempre voltamos ao trabalho.

Estou sempre pensando em novas maneiras de levar as pessoas ao seu limite, de lhes dar um choque no corpo e abalar a sua resistência mental. Se fizermos o que sempre fazemos continuamente, sempre obteremos o mesmo resultado. Meu objetivo é fazer com que minha academia seja tão desafiadora que tudo o que acontece fora dela pareça fácil. O trabalho envolve testá-lo e prepará-lo para todas as opções, de modo que, quando você estiver em ação, não precisará pensar em nada. Treine com antecedência. Assim, quando precisar, saberá o que é capaz de fazer quando todo mundo apertar aquele botão de emergência e recorrer a você. Qualquer coisa que fizer comigo será muito mais difícil do que as coisas que experimentaria durante um jogo; assim, você não precisará pensar no que está acontecendo. Simplesmente saberá, e seu corpo o acompanhará.

Você me dirá qual é seu limite, e eu lhe mostrarei quanto a mais você pode fazer. A pergunta é: qual *é* esse limite? Quando Kobe quebrou o nariz e sofreu uma concussão no All-Star Game, ele insistiu em jogar no próximo jogo dos Lakers. Por quê? Ele precisava saber como seu corpo responderia ao trauma e o que ele podia fazer sob aquelas circunstâncias. Poucas pessoas sabem o que elas realmente conseguem realizar, e ainda menos pessoas estão dispostas a descobrir isso.

Posso forçá-lo a ir além de seus limites sem quebrá-lo? Até onde você consegue ir? Está disposto a chegar lá? Você precisará estar 100% comigo e não ficar pensando no que fará à noite ou nas contas que tem para pagar. Concentração plena para resultados plenos.

Quando estou concentrado em um cliente, observo tudo: as expressões faciais, o ritmo cardíaco, quanto ele está suando, qual perna está tremendo... tudo até os mínimos detalhes. Então pego toda essa informação, processo tudo e tomo a decisão: estou disposto a ir um pouco além? Porque, se eu fizer isso, seu progresso será o dobro em metade do tempo. Mas ele deve estar disposto a lidar com o que estou lhe pedindo.

Grande parte do meu trabalho envolve ajudar os atletas a se recuperarem de lesões graves e cirurgias, e sempre digo aos jogadores que, quando os liberar para jogar novamente, eles não serão os mesmos que eram antes; serão melhores. Eles precisam ser melhores. Porque, se voltarem a ser como eram antes de se lesionarem, provavelmente se lesionarão de novo. Então os obrigo a fazer mais do que fizeram antes e a se esforçar mais do que haviam se esforçado antes, para que possam se tornar mais fortes e mais poderosos do que antes.

Mas o componente do medo é um obstáculo poderoso, e, em geral, quando começamos, esses caras estão morrendo de medo de se mover. Pela primeira vez na vida, eles não podem depender de suas habilidades físicas ou controlar os próprios movimentos e agora têm medo do próprio corpo. É um dos maiores obstáculos para a recuperação; eles não querem mais se movimentar. Um atleta que não quer mais se movimentar perde o desejo e o foco, em especial quando há a garantia de um contrato assinado. Você se lembra de quando era criança e se machucou, ficou com medo de perder seu lugar no time e, então, lutou com todas as forças para voltar à ação? Você só passou um pouco de cuspe no machucado e voltou para o jogo. Esse não é o caso dos jogos profissionais. Mas apenas o jogador sabe quando está pronto. Não interessa o que a radiografia ou a ressonância magnética diz; se ele não estiver mentalmente pronto, não está pronto.

IMPLACÁVEL

Então voltamos ao básico. Vamos andar, mover o ombro, dar um passo de cada vez. Pequenos movimentos para ajudá-lo a ganhar confiança novamente. Esses pequenos movimentos acabam se somando e se transformam em grandes mudanças. A cada dois ou três dias, vamos um pouquinho além com determinada parte do corpo, experimentando um pouquinho mais, fazendo progresso.

Não o deixarei confortável. Por que eu deveria? O conforto o ajudará a ser bom. Queremos chegar no nível sem limites, e o atleta terá de pagar um preço para isso. Não o machucarei, mas se ele não confiar que posso ajudá-lo a chegar aonde precisa, não poderemos fazer isso. Nunca o colocarei em uma situação para a qual ele não está pronto, mas vou colocá-lo nessa situação mais rápido do que qualquer outra pessoa no mundo. Porque, se eu permitir que ele chegue lá no próprio ritmo, nunca chegaremos lá.

As pessoas estão sempre me perguntando quais são os segredos e os truques que uso para obter resultados. Sinto muito por decepcioná-las, mas não há nenhum segredo. Não há nenhum truque. A verdade é bem o contrário e simples, quer você seja um atleta profissional, um empresário que administra um negócio, um motorista que dirige um caminhão ou um aluno na escola: pergunte-se onde você está no momento e onde realmente gostaria de estar; pense no que estaria disposto a fazer para chegar lá. Então, elabore um plano para chegar lá e entre em ação.

Não existem atalhos. Não quero ouvir falar de exercícios que podemos fazer em 5 minutos por dia ou 20 minutos por semana; isso é besteira. Esses exercícios "funcionam" para pessoas que nunca saíram do sofá e que agora estão se movendo durante 5 minutos para queimar algumas calorias aqui e ali. Veja bem, se uma pessoa pesa 135 quilos e nunca fez nenhum exercício na

TIM S. GROVER

vida, talvez ela perca alguns quilos se exercitando duas vezes por semana durante 1 mês. Se ela consome 2 sacos de batatas fritas e 1 litro de refrigerante toda noite e passa a comer apenas 1 saco de batatas fritas e a tomar apenas 1 latinha de refrigerante por noite, o corpo dela pode responder a essa redução de calorias e perder algum peso. Mas eu não chamaria isso de "fitness" e detesto esses programas que mentem para as pessoas e que fazem promessas ridículas baseadas em bobagens. Não venha me falar de exercícios "fáceis", feitos no "conforto de sua casa". Exercícios que envolvem as palavras *fácil* e *conforto* não são exercícios. São insultos. Podemos fazer exercícios em casa, mas se o que fazemos é "confortável", então tem alguma coisa muito errada nisso.

Essa é a sua vida. Como deixar de investir nela? Não estou me dirigindo apenas a atletas aqui, mas a todos que dão valor ao sucesso. Pense em alguém muito bem-sucedido, que realizou muita coisa, mas que está 50 quilos acima do peso porque tem um vício alimentar que não consegue controlar e está satisfeito sendo um multimilionário nada saudável. Ele tem todo o sucesso financeiro do mundo, as pessoas o admiram e o respeitam por isso, e ele não tem dificuldades de encontrar supostos amigos para ajudá-lo a gastar seu dinheiro. Mas ele é gordo demais para ter relações sexuais decentes ou realizar quaisquer outras atividades físicas, morrerá 20 anos mais cedo, e todo seu trabalho duro se tornará a herança de outra pessoa. Será que esse sucesso financeiro realmente lhe serviu de alguma coisa?

As pessoas se recusam a fazer exercícios ou controlar sua dieta porque isso é desconfortável para elas. Mas quão confortável é carregar todo esse peso extra e todos os problemas físicos que vêm com ele? Dor nas costas, problemas nas articulações, falta de ar, diabetes, problemas cardíacos... acho que 85% de todo o desconforto físico é resultado do sobrepeso. Então me diga: se podemos escolher entre sentir desconforto por estarmos doentes e acima do peso ou sentir desconforto por estarmos suando na academia três vezes por semana, por que tantas pessoas escolhem o desconforto que resulta em total fracasso físico?

Recebo muitas ligações de pessoas que querem perder peso. Elas já consultaram todos os nutricionistas do planeta, mas ainda ficam por aí andando com sacolas de fast food. Se me permitirem fazer o que faço, podemos reduzir esse peso em algumas semanas. Fizemos Eddy Curry perder 50 quilos para poder assinar um contrato com o Miami Heat em 2012, então podemos ajudá-lo a perder esses 15 quilos antes do *training camp*.

Mas você precisa estar disposto a trabalhar. No ano passado, recebi uma ligação de um agente de beisebol cujo cliente era um lançador que precisava perder 20 quilos antes do treinamento de primavera. Um dia antes da data de início do programa que criei para ele, ele decidiu que preferia dar um jeito de perder o peso sozinho. Eu lhe perguntei: "Tem certeza? Não é fácil perder 20 quilos, especialmente quando ganhamos peso depois de muitos anos de alimentação ruim e maus hábitos de exercício." Mas ele tinha certeza. Estava decidido. Então eu disse ao agente: "Boa sorte. Ele estará fora do jogo em oito meses."

Eu estava errado. Ele saiu em quatro meses.

Quando alguém pede minha ajuda para perder peso, é melhor ter feito sua última refeição antes de começarmos. Terei 5 semanas para deixá-lo em forma; começamos no minuto em que ele entra pela porta, e, se não trapacear, se não pegar algumas fritas do prato do amigo ou tomar algumas cervejas no casamento do primo, ele perderá 20 quilos nas primeiras 3 semanas. Eu providenciarei as refeições. Darei uma lista a ele com tudo o que pode ou não pode comer. Contratarei alguém para cozinhar para ele. Eu me sentarei e conversarei com sua esposa ou sua mãe e explicar quanto açúcar tem nas duas caixas de suco de laranja que ele toma todos os dias. Mas ele precisará seguir as regras.

Pode acreditar: se queremos saber do que alguém realmente é feito, basta vê-lo passar por um detox de açúcar. Não estamos falando de uma dieta de "baixa caloria" ou de uma imitação da dieta Atkins; é zero açúcar mesmo! Como a maioria das pessoas não sabe quanto açúcar está escondido nos alimentos, eu lhes passo orientações por escrito do que eles podem ou não comer, com um aviso que diz: *Você saberá que o programa está funcionando quando sentir uma dor atrás de um olho e vontade de vomitar*. Nos primeiros dois dias, elas têm contorções, sentem calor e suam frio, têm gases, muita sede e tremedeiras que só viciados em heroína e cocaína conseguem entender. Estou falando de tirar cada grama de açúcar do corpo por um período de dez dias. Depois de dois dias terríveis, tudo começa a melhorar. Se a pessoa trapacear, eu saberei. Faço todos aqueles que eu treino passarem por essa experiência para que saibam como é.

Digamos que um cara venha até minha academia durante o seu detox e eu lhe pergunte como está se sentindo. "Bem", ele diz, "muito bem." Hmm!

No dia seguinte, eu lhe pergunto novamente: "Como está se sentindo?" "Eu me sinto ótimo. Sem problemas", ele diz.

Então lhe dou mais um dia. "Está se sentindo bem? Está seguindo a dieta?"

"Sim. Tudo bem."

"Beleza, você é um mentiroso de merda. Quer estragar tudo? Vá fazer isso em outro lugar." Sei que isso não é fácil, mas não podemos ficar na nossa zona de conforto e esperar obter bons resultados. Desafie-se! Não tenha medo do desconforto. Não podemos ajudar pessoas que estão comprometidas com o fracasso.

IMPLACÁVEL

Eu amo pessoas que querem tanto obter resultados que brigam comigo para fazer mais do que deveriam. Eu lhes digo se elas não estão prontas, mas prefiro ver alguém tentando fazer um pouco mais de exercícios do que alguém adiando os exercícios porque precisa tirar uma foto para a capa de uma revista ou promover um tênis. O trabalho que elas fazem comigo torna todas essas outras coisas possível. Não é o contrário.

Após a cirurgia de joelho de Dwyane, em 2007, ele estava na sala de pesos, trabalhando em uma rotina que oriento todos os jogadores a fazer depois de se recuperarem de cirurgias de tornozelo, joelho ou quadril e antes de receberem a aprovação para voltarem a jogar: entrar em um cilindro acolchoado de 1,20m, pular no lugar e, depois, para outro cilindro de 1,20m. Isso não é fácil, nem física nem mentalmente. Essa rotina me mostra se o corpo deles consegue suportar o estresse e, igualmente importante, se sua mente está pronta para confiar em seu corpo, ou se eles ainda não confiam em suas habilidades físicas. Afinal, a chave não é o desafio físico de pular para cima, mas superar o medo de pular para baixo.

Bem, Dwyane estava trabalhando nessa rotina e tinha vários outros jogadores se exercitando ao seu redor. Alguns dias depois, meus treinadores começaram a me dizer que vários outros jogadores também estavam tentando fazer esse exercício em segredo, entrando na sala de pesos quando não havia mais ninguém lá, pulando entre esses cilindros apenas para ver se conseguiam fazer o que Dwyane fazia. A maioria desses caras odiava exercícios de pulo, mas eles precisavam saber se estavam à altura de Dwyane. Com Limpadores, não existe um botão de desligar. Eles estão sempre ligados.

TIM S. GROVER

Um de meus maiores desafios é manter a bola longe do cara que ainda não deveria estar jogando. Quando recebo esses grandes jogadores que estão se recuperando de lesões ou cirurgias, elaboro um plano detalhado para sua reabilitação e seu retorno, e a *última* coisa que eles recebem é permissão para entrar em quadra. Mas tente dizer isso a um cara que nunca passou mais de cinco minutos sem uma bola nas mãos.

Um exemplo perfeito: o grande Charles Barkley, provavelmente o atleta mais talentoso que já conheci, é um Limpador em todos os sentidos. Charles estava trabalhando comigo após uma cirurgia de joelho e não ficou feliz quando eu lhe disse que ele e sua patela pós-cirúrgica lesionada precisavam ficar longe das quadras enquanto ele estivesse usando um imobilizador.

Ele olhou para mim com aquele olhar da morte e me pediu uma bola. Então ele se posicionou embaixo da cesta e enterrou dez vezes se apoiando na perna saudável. Enterrou! Dez vezes! Com uma perna! A bola nem encostou no chão.

Esses são os caras que quero, os cascas-grossas que se arriscam e vão além de seus limites. Posso contar tudo sobre uma pessoa depois de três dias trabalhando com ela. No primeiro dia, ela aparece pronta para trabalhar; eu faço com que ela se exercite como nunca havia se exercitado antes. No segundo dia, quando ela acorda sentindo dores em partes do corpo que nem sabia que existiam, será tentador não comparecer para fazer os exercícios. Mas ainda é o segundo dia, e ela está sentindo dores apenas na parte superior do corpo, porque foi nisso que trabalhou; então ela comparece para mais. Mas no terceiro dia, depois de trabalhar as partes superior e inferior do corpo e quando seus músculos estiverem gritando por causa do ácido lático, eu descobrirei tudo o que preciso saber, porque ela estará se sentindo terrível após os primeiros dois dias. Quarenta e oito horas: esse é o teste. Se ela continuar comparecendo apesar da dor e do cansaço, tudo bem. Se me disser que não conseguirá... está no lugar errado. Existem muitos outros treinadores por aí que estão dispostos a trabalhar dessa maneira. Eu não sou um deles. Pode tratar de se sentir confortável com o desconforto ou encontre outro lugar para fracassar.

Nº1. Os Limpadores...

... concentram-se, desligando-se de todo o resto e controlando o incontrolável.

Um Esfriador se certifica de que todos estejam preparados e emotivos antes do jogo.

Um Fechador se certifica de estar preparado e emotivo antes do jogo.

Um Limpador não precisa se preparar ou ficar emotivo; ele permanece calmo e sereno porque guarda tudo para a hora do jogo.

Silêncio, escuridão e solidão. Sempre sozinho, mesmo no meio da multidão, mesmo quando toda uma arena de fãs está gritando seu nome. Sozinho na sua mente, sozinho com aquele zumbido que ninguém além de você pode escutar... nenhum ruído do lado de fora. Nenhuma distração. Nesse momento, tudo gira em torno de você. Aquele lado obscuro que queima dentro de você, guiando-o, motivando-o... "Vá em frente. Vá em frente." Você escuta o som do seu coração e controla cada batida. Você controla tudo. Alguém está falando com você... mas você não escuta e nem quer escutar. Mais tarde nessa noite, alguém — a mídia, algum colega ou um membro de sua família — lhe dirá que você foi um babaca, grosso e que não sabe se comunicar com os outros. Eles não conseguem entendê-lo, e você não se importa. "No seu próprio mundinho", eles dizem. Sim. Exatamente. Caiam fora! Deixem-me em paz! Deixem-me em paz!

Você está na zona de concentração.

Você sabe que as pessoas ao seu redor são emotivas. Elas sentem medo, ciúme, excitação ou são tapadas demais para entender o que está acontecendo. Você, no entanto, sente apenas a prontidão. Você não sente nenhuma emoção porque, ao se concentrar, a única sensação que tem é de raiva, uma raiva silenciosa e gélida que está aumentando sob sua pele... nunca ódio, nada fora do controle. Silenciosa como uma tempestade que se move lentamente na escuridão, sua violência só é vista quando despenca e não pode ser medida até que avance.

Esse é o impacto de um Limpador concentrado.

Tudo o que ele sente, toda sua energia está debaixo da superfície. Não há ondulações... ninguém pode ver o que está por vir. Ele deixa o drama e o caos para outras pessoas. Isso não combina com ele. Ele guarda tudo isso para o que vem pela frente.

Porque, uma vez que ele se concentra, acabou. Esse é o momento dele.

Durante todo o tempo que passamos trabalhando em nossas carreiras e nossos talentos — indo à escola, criando um negócio, ganhando dinheiro, treinando o corpo —, nosso foco mental e nossa concentração, nossa habilidade de controlar o ambiente e as batidas do coração dos demais são o que acabará por determinar se seremos bem-sucedidos ou não.

Pense no seguinte: nos 2 pés, temos 52 ossos, 38 músculos e tendões, 66 articulações e 214 ligamentos. Na outra ponta de nosso corpo, um cérebro leve, flutuando dentro de nossa cabeça. Podemos aprender quase tudo sobre as complexas funções dos ossos, das articulações, dos ligamentos, dos músculos e tendões e como eles nos permitem fazer o que fazemos. Mas não conseguimos aprender quase nada sobre as complexas funções do cérebro e *por que* ele nos permite fazer o que fazemos.

Qualquer um que já experimentou o incrível poder da zona de concentração nos dirá que ela nos traz muita calma. Não é relaxante ou pacífica — isso não é ioga —, mas é extremamente focada. Quando estamos concentrados, não sentimos medo, preocupações ou emoções. Fazemos o que temos que fazer, e nada pode nos afetar. Mas o que nos leva a esse espaço elusivo onde nos sentimos destemidos e poderosos, onde podemos simplesmente ser nós mesmos? Como encontramos esse perfeito silêncio interno do qual as pessoas falam, mas não conseguem realmente descrever?

Uma coisa da qual tenho certeza é de que todos temos um gatilho que nos ajuda a nos concentrar, algo que ativa nossa intensidade competitiva, nosso foco a laser e nosso desejo implacável de atacar e conquistar. Ela é diferente para cada pessoa, e ninguém pode nos dizer como obtê-la. Mas posso lhe dizer o seguinte: ela vem direto daquela parte dentro de nós que chamo de lado obscuro, da qual falaremos nas próximas páginas. Verdade: quando finalmente conseguimos nos soltar e mostrar quem realmente somos, nos concentramos, e só então controlamos nossos medos e nossas inibições. Sem esse profundo componente instintivo, es-

TIM S. GROVER

taríamos como que tentando acender um isqueiro que está sem combustível. Vemos várias pequenas faíscas, mas nenhum fogo.

Parte do que faço é ajudar nessa busca pelo combustível para acender esse fogo. Sei que ele está lá e sei quais botões causarão uma explosão. Mas não quero ser a pessoa que aperta esses botões; quero que *o jogador* aperte esses botões sozinho, para aprender como causar uma explosão por conta própria. É por isso que escolho o caminho contrário: eu puxo esses estranhos botões e lhe mostro como apertá-los quando estiver pronto. Não quero que ele dê esse tipo de controle a mim ou a qualquer outra pessoa; quando permitimos a outros que apertem esses botões, eles ganham. A zona de concentração pertence ao indivíduo, e cada um de nós deve decidir como e quando acender o fogo.

Mas de um jeito ou de outro, vamos acendê-lo. Talvez eu mencione o que outro jogador fez... e puxo esse botão para ele. Repetirei algo que ouvi de outro treinador... outro botão é preparado. Após um desempenho incrível, perguntarei o que ele fez na noite anterior, porque precisa fazer isso novamente antes do próximo jogo. Ou lhe direi que voltarei para o hotel a fim de fazer as malas, porque ele está jogando como se já tivesse deixado a cidade. Mais botões. Então farei alguém adotar uma atitude agressiva contra ele durante um exercício... e *bum*! Ele apertou o botão; durante a próxima hora, ninguém poderá impedi-lo.

Ele está concentrado e talvez nunca se lembre de como chegou nesse ponto e o que aconteceu após isso. Para alguns, foi como ter sua masculinidade ou suas habilidades questionadas. Para outros, foi a visão do próprio sangue. Para outros ainda, foi o confronto físico. Simplesmente continuo puxando os botões até que ele tenha um arsenal com o qual trabalhar e, então, espero para ver qual ele apertará para se lançar no hiperespaço. Uma vez que ele me mostre o que acende seu fogo, me certificarei de que ele continue aceso.

É raro ver alguém entrando, de fato, na zona de concentração; isso costuma acontecer em particular e silenciosamente. Mas, em raras ocasiões, acontece de repente e de modo evidente, ao passo que o mundo inteiro assiste. Durante as Olimpíadas de 2012, quando o Time dos EUA estava jogando contra a Austrália, Kobe estava tendo um meio período surpreendentemente fraco. Isso acontece; um jogador tem outra coisa em mente, não se sente bem, não consegue se concentrar por algum motivo. A maioria das pessoas que começa um jogo assim termina pior. Mas os grandes podem reconhecer que precisam superar isso, e foi isso o que Kobe fez, acertando 4 cestas de 3 pontos dentro de 1 minuto, levando os norte-americanos a vencer por 119 a 86. "Estava procurando por alguma coisa para ativar a Mamba-Negra", disse ele depois do jogo. Ele estava procurando um jeito de entrar na zona de concentração.

Michael foi o único jogador que conheci que ficava totalmente concentrado toda vez que jogava, mostrando-se sempre um Limpador. Mesmo em jogos nos quais ele se distraía um pouco, acabava voltando a se concentrar. Lembro-me de uma noite em Vancouver, durante a temporada de 72 vitórias do Bulls, em que todo mundo estava cansado da longa viagem anual de novembro, e foi um jogo raro no qual o Bulls estava sendo destroçado. Até o 4º quarto, Michael havia feito apenas 10 pontos, e Darrick Martin, do Grizzlies, começou a zombar dele.

Nunca, mas nunca mesmo, desafie Michael Jordan e espere sair ganhando. Michael literalmente parou na quadra, olhou para o cara, balançou a cabeça e disse: "Não mexa com um cachorro que está dormindo." Seu lado obscuro disse "Mate este desgraçado!", e ele ativou o modo de ataque, entrando direto na zona de concentração. Resultado: sem limites. Ele jogou incrivelmente bem nesse tempo, marcando 19 pontos no quarto para levar o Bulls à vitória, e Darrick Martin passou o restante do jogo no banco.

Michael nunca explodiu e nem demostrou alguma emoção. Naquela ocasião, suas expressões foram positivas, como aquele infame gesto em que ele dá de ombros, como que dizendo "Não posso evitar", depois de marcar 6 cestas de 3 pontos em meio tempo nas eliminatórias contra Portland, ou o lendário momento de "mão no ar" contra Utah. Sempre positivo e animador, elevando o time, os fãs e todos os demais, mostrando que tem tudo sob controle. Se ele sentiu algo negativo, nunca deixou transparecer. Isso é ser um Limpador.

No caso de um militar que vê o comandante retrocedendo ou de alguém que trabalha em um escritório e vê o chefe perdendo o controle, o que isso diz a todos os demais? Os Limpadores exibem emoções apenas se essa é a única maneira de fazer todo mundo chegar aonde é preciso estar. Mas nunca porque o Limpador perdeu o controle de seus sentimentos.

Antes de um jogo, não quero ver ninguém dançando, tremendo ou gritando com os outros, em frenesi. Isso pode parecer legal para os fãs ou diante das câmeras, mas toda essa emoção dirige o foco a um *hype* artificial pré-jogo, afastando-nos de nossa missão. E o que acontece logo após esse momento de insanidade? Tudo acaba. Voltamos à linha lateral. Hora do comercial. Decepção total. Fora da zona de concentração.

Considere verdadeiros líderes. Durante o jogo, Kobe entra em quadra do mesmo jeito que um CEO entra em uma reunião com os acionistas. Ele aperta algumas mãos, cumprimenta os jogadores e os juízes e começa a tratar de negócios. Michael não queria ter nenhum contato físico antes do jogo — nada de abraços ou apertos de mão. Ele cumprimentava os membros de seu time com um soquinho ou um sutil "toca aqui" — mãos nunca altas demais, sempre baixas e contidas — e nunca fazia contato visual. Após a apresentação dos jogadores, ele se dirigia a cada um dos membros de seu time para acalmar todos, como um pai protegendo os filhos, lembrando-lhes rapidamente: "Não se preocupem. Estou aqui."

Um Limpador nunca se levantará na frente de todo mundo balançando uma toalha; ele está atrás de todos, sozinho, concentrado e racional. Em um momento crítico, quando todos ficam emocionados e agitados, ele é o cara que fala para manterem a calma.

Não importa o que acontecesse durante um jogo, Michael sempre parecia estar se divertindo à beça. Quando entrava em quadra, nada podia afetá-lo nem incomodá-lo... ele estava concentrado. No caso da maioria, tudo os afeta; quando as coisas não vão bem, parece que eles estão morrendo. Michael estava concentrado 100% do tempo, desde o momento que saía de casa ou do quarto de hotel para o jogo até o momento que voltava mais tarde na mesma noite. Mas durante o tempo em que estava em quadra, ele era o verdadeiro e autêntico Michael. Após o jogo, antes de dar uma entrevista, ele ia até a sala do treinador, onde os repórteres não podiam entrar, vestia-se e deixava de lado o verdadeiro Michael, que havia acabado de jogar, para assumir a identidade do MJ que todos achavam que ele era.

A maioria das pessoas não consegue nem quer fazer isso; em certo ponto, é esgotador permanecer nesse nível de intensidade, nessa condição de estar sempre alerta, sempre sozinho em um lugar em que mais ninguém pode ir além nós mesmos. Eventualmente, precisamos soltar o ar, relaxar, demolir essa parede de intensidade e sair da zona de concentração. Mas quando saímos dela, é difícil voltar.

TIM S. GROVER

Quando vemos alguém perder a concentração, é como se a luz tivesse acabado. De repente, vemos aquela pessoa que antes era como um leão transformar-se em um gatinho porque perdeu a confiança e se esqueceu de quem era. Foi isso o que aconteceu com Gilbert Arenas, com quem trabalhei após uma de suas cirurgias no joelho. Ele era um cara muito legal. Quando estava no auge de seu jogo, era um verdadeiro matador: bastava lhe dizer para fazer 25 pontos, soltá-lo, deixá-lo trabalhar, e ele fazia aquilo se tornar realidade. Nada complicado, bastava deixá-lo agir por instinto. Ele provocava, pisava e destruía o oponente. Quase como os velhos dias de MJ, quando ele torturava os oponentes até que se submetessem a ele. Por fim, porém, pude ver que Gilbert estava se deixando levar; sua personalidade em quadra havia mudado, como se ele tivesse se esquecido de como era pisar na garganta de alguém. As pessoas ao seu redor não sabiam lidar com isso, e ele acabou declinando.

Isso acontece com mais frequência do que podemos imaginar: um grande jogador perde sua habilidade de virar aquela chave e ativar seus instintos assassinos. Mas isso costuma acontecer porque alguma coisa afetou o lado obscuro em sua vida, e quando isso se torna público — como se envolver em um escândalo —, fica dolorosamente claro por que ele perdeu o foco. A única maneira de voltar a ser quem era é se: (a) alguma coisa grandiosa e catastrófica acontecer para lhe dar um chacoalhão e fazê-lo voltar à condição anterior, ou (b) se ele for tão descarado em relação ao que aconteceu a ponto de não se importar com o que os outros pensam ou que impressão isso deixou. Agora ele é um morto-vivo com nada a perder, o que faz dele um dos predadores mais perigosos e imagináveis.

Podemos passar o dia inteiro dizendo a alguém: "Você precisa relaxar, precisa se concentrar." Mas o que isso realmente quer dizer? Não estamos lhe dando nada que possa usar. Ele está procurando alguém para lhe dizer o que está fazendo errado, porque acha que está relaxando, o que não é o caso. Sempre consigo dizer quando algo no interior da pessoa está fazendo com que ela reaja e exteriorize. Então, deixo isso bem claro. "Observe seu padrão de movimento; você parece nervoso. Seu contato visual reflete estresse, você está desviando o olhar, em vez de olhar para seu oponente. Está agarrando seus shorts, revirando os olhos... você está emotivo. E está duvidando de si mesmo, então os outros caras estão fazendo a parte deles e montando uma lojinha na sua mente; eles o tiraram do jogo. Você não está concentrado.

"Você está pensando. Não Pense."

Um Limpador concentrado opera sem desperdiçar movimentos, sem caos, sem aviso. Ele não diz a ninguém o que acontecerá; as coisas simplesmente acontecem. Talvez ele nem se lembre de como elas aconteceram, mas sabe que aconteceram; como Kobe disse, sabemos que estamos na zona de concentração, mas não podemos pensar nisso porque pensar é uma distração. Cada movimento tem um objetivo, e sabemos exatamente que objetivo é esse; nunca desperdiçamos tempo ou vamos com a maré. Podemos olhar ao nosso redor em qualquer situação e veremos quem nos entende e quem não entende. Em um time, nos negócios ou em um grupo de pessoas sempre haverá aqueles que estão lá pelo pagamento e aqueles que entendem a missão. Como em uma intricada operação militar, tudo tem um motivo e um resultado. Um Limpador opera pelo simples desejo do resultado, porque ele sabe que deve obtê-lo ou fracassará. Não existe outra opção.

Os jogadores sempre me perguntam em que deveriam pensar na linha de lance livre, algo que os ajude a esquecer a pressão, a bloquear a multidão, o barulho e todas as distrações. Antes de

TIM S. GROVER

mais nada, não posso entregar a ninguém um pensamento pré-fabricado; deve ser algo interno, que signifique algo para o jogador. Mas o ideal é o que jogador não pense em nada. Quando se está realmente concentrado, tudo se resume ao jogador, à bola e ao aro, como se ele estivesse sozinho no parque, na garagem ou na área de treino. Eu prefiro que ele diga a si mesmo: "São só alguns lances livres. De qualquer forma, não é o fim do mundo." Mas se precisar ir a algum lugar em sua mente, é melhor ir a um lugar positivo, à lembrança dos filhos ou a qualquer outra coisa que envolva puro relaxamento e felicidade.

Podemos controlar o próprio espaço, nos reconectar com nossos instintos e realinhar nossa energia de várias maneiras. Quando estou tentando ajudar alguém a chegar lá, às vezes recorro a uma antiga canção que o faça recordar suas memórias ou sentimentos da infância, canções que talvez ele não tenha escutado já há dez anos, mas que o levam a outro lugar, onde ele se sinta de determinada maneira que funcione para ele. Não busco coisas novas, que lhe causam *hype*. Quero que ele se sinta tranquilo e relaxado, que seja ele mesmo, quem costumava ser antes de sentir toda essa pressão para ser diferente. O resultado é uma incrível resposta física que não tem nada a ver com a música. É apenas o instinto. Sentimos calma, e então nossa frequência cardíaca passa de uma frequência em repouso para uma frequência de quando estamos na zona de concentração — talvez duas ou três batidas a menos por minuto — quase que imediatamente. Sei que escolhi a canção certa quando o jogador sorri... quando acertamos, eles sempre sorriem.

Continuo fazendo isso até ter certeza de que ele está no caminho certo, e então ele assume desse ponto em diante. Não quero que ele dependa de mim e nem de mais ninguém; quero apenas colocá-lo na direção certa e sair do caminho. Às vezes entrego um bilhete a um jogador, às vezes enquanto ele está fazendo um alongamento ou se aquecendo, como fiz com Dwyane em Miami, apenas para tranquilizar sua mente. Alguns deles dão um jeito de ver os filhos no intervalo ou no fim do jogo, um abraço rápido ou um beijo, algo para aliviar toda aquela pressão, porque as crianças não ligam se eles marcaram 2 ou 100 pontos, eles só querem um abraço e um beijo do papai. E no caso do papai, isso transforma parte da tensão e da emoção do jogo em algo mais calmo.

Mas quando um Limpador entra na zona de concentração, ele se desliga de tudo o que está fora dela. O que quer que esteja acontecendo — em nível pessoal, nos negócios, o que for — não o afetará até que ele esteja pronto para voltar. Por definição, essa é a zona de concentração. Nada de medo nem de intrusão. Concentração total. Não pensamos, porque pensar *ativa* nossos pensamentos para tudo, e a ideia de se concentrar é justamente o oposto: *desativar* nossos pensamentos para tudo, exceto para a tarefa em mãos. Pensar nos leva a outros lugares; a zona de concentração nos mantém no lugar em que precisamos estar. Ela é nossa fortaleza: entramos nesse espaço onde nada nos afeta, nada nos fere, ninguém pode nos ligar, mandar mensagens, importunar ou incomodar. Esses problemas ainda estarão lá quando terminarmos, mas precisamos estar naquele lugar em que controlamos o tempo e o espaço e nada nos controla.

Uma coisa que separava Michael de todos os outros jogadores era sua estonteante habilidade de bloquear tudo e todos. Nada o afetava; ele era como gelo. Independentemente do que estava acontecendo — as multidões, a mídia, a morte de seu pai —, quando pisava na quadra de basquete, ele conseguia desligar tudo, exceto sua missão de atacar e conquistar. Nunca vi outro jogador estabelecer uma barreira tão perfeita ao seu redor, por onde nada passava, a não ser o que ele levava consigo. Quando está saudável, Dwyane é o jogador que provavelmente chega mais perto disso; ele tem aquele botão que lhe permite entrar em quadra e esquecer todo o restante. A maioria das pessoas, porém, inclusive os melhores, leva coisas externas com elas; são poucas as que conseguem deixar tudo para trás.

Quando pensamos que a porcentagem de arremessos da carreira do Michael foi de 50% — o que quer dizer que a bola atingiu o alvo uma a cada duas vezes, com três caras grudados nele e com o flash de 20 mil câmeras disparando toda vez que ele fazia um arremesso —, começamos a entender quão concentrado ele estava em cada jogo, em cada quarto, em cada jogada. Não havia diferença entre o que ele fazia no treino e o que fazia no jogo; suas mecânicas eram consistentes em qualquer ambiente. Não suporto ouvir atletas dizerem: "Quando estou sob os holofotes, é aí que brilho." Não. Quando estamos concentrados, não deveríamos nem mesmo perceber que as luzes dos holofotes estão ligadas. Nem precisar delas.

Mas alguns jogadores conseguem reproduzir esse extremo nível de foco e concentração em diferentes situações; eles ficam confortáveis em determinado lugar e é ali que apresentam seu melhor desempenho. Por que os times jogam melhor em casa do que na estrada? Por que alguns atletas jogam melhor em certos estádios do que em outros? Eles não podem reproduzir aquele ambiente que os ajuda a se concentrar. Eles pensam no fato de estarem em um ambiente diferente, em vez de instintivamente saberem como se adaptar a ele. Em vez de ditarem o resultado do evento, eles deixam que o evento dite o resultado. Em vez de se sentirem equilibrados e firmes, eles começam a se sentir inseguros e preocupados. Perdem aquela confiança e tranquilidade e começam a se sentir emotivos — e não se engane: as emoções nos enfraquecem.

Novamente: as emoções nos enfraquecem.

A maneira mais rápida de perder a concentração é permitir que as emoções ditem nossas ações.

Quando sentimos medo, nos afastamos e construímos uma parede para nos proteger. Essa parede existe de verdade? Não, mas agimos como se isso fosse verdade. Agora não conseguimos avançar por causa dessa parede. Podemos estender nossa mão e veremos que não há nada lá; podemos atravessá-la. Mas se ficarmos atrás dessa parede imaginária, fracassaremos.

Quando sentimos ódio, explodimos. Quando explodimos, costumamos ser irracionais porque estamos agindo por impulso, e não pela lógica. Agora estamos descontrolados e não temos mais ideia do que deveríamos estar fazendo. Em vez de um sentimento de tranquilidade e preparo, perdemos toda a noção de foco. E sem foco, fracassamos.

Quando sentimos inveja, transferimos toda nossa atenção e energia para a pessoa que está nos fazendo sentir inveja. Não importa se o motivo é o sucesso do colega ou o novo "amigo" da nossa ex-namorada; de qualquer forma, estamos pensando em outra coisa além do que deveríamos estar fazendo. E fracassamos.

A única exceção à regra das emoções é a raiva: a raiva controlada é uma arma poderosa nas mãos certas. Não estou falando da fúria de um vulcão, que não pode ser controlada nem por dentro nem por fora, mas de uma raiva que podemos conter e transformar em energia. Todos os Limpadores sentem essa raiva interna que queima devagar, com uma chama azul; e ela funciona se eles conseguirem controlá-la e administrá-la. Mas nunca se transforma em um ódio cego nem deve se tornar algo destrutivo. Quando se canaliza a raiva da maneira certa, temos Michael chacoalhando a cabeça em Vancouver e arrasando no jogo. Ele não agrediu ninguém. Permaneceu equilibrado e racional e transformou sua raiva silenciosa em resultados.

Mas essa linha é tênue. Se não controlarmos nossa raiva, nos tornamos violentos, damos socos, discutimos com os juízes, encaramos outros jogadores, ficamos totalmente emotivos e saímos por completo da zona de concentração.

As emoções tiram nossa concentração, revelam que perdemos o controle e, por fim, acabam com nosso desempenho. Elas nos fazem pensar em como nos sentimos, quando não deveríamos estar pensando. Deveríamos estar tão bem preparados a ponto de entrar sem problemas na zona de concentração e jogar com graça e foco. Não podemos fazer isso se estamos pensando em outras coisas.

Obviamente, os Limpadores ainda são humanos e, como todos, eles também sentem a emoção, a ansiedade e o nervosismo antes de um grande evento. Mas a diferença entre os Limpadores e os demais é sua habilidade de controlar esses sentimentos, em vez de permitir que eles os controlem. Até Michael disse que se sentia nervoso antes de um grande jogo, como se tivesse borboletas no estômago. "Faça com que elas voem na mesma direção", eu lhe dizia. Elas não desaparecerão, mas, dessa forma, controlamos como nos sentimos a respeito delas, em vez de permitir que elas façam com que nos sintamos ansiosos. Energia, em vez de emoção. Uma grande diferença.

Um Limpador pensa o seguinte: "Se estou me sentindo ansioso, como será que *eles* estão se sentindo? Eles terão que se ver *comigo.*"

Quero que o jogador estabeleça uma rotina, e não quero que ela varie, quer se trate de um insignificante jogo pré-temporada ou das finais do campeonato. Ele deve fazer o mesmo todos os dias para nunca precisar contar com o ambiente ou a situação. Tudo permanece igual. Se for a noite antes do jogo, ele deve poder dizer: "Beleza, fiz tudo para chegar a este ponto. Estou pronto." E então curtir a noite com a família, os amigos ou com quem quer que seja que ele curta a noite, fazendo o que quer que seja que goste de fazer. Quero que ele esteja rodeado de pessoas que o apoiem, que saibam do que ele precisa e que saibam que ele não pode dar muito em troca... pessoas que entendem que ele não poderá chamar todos os tios e primos para jantar na noite antes do grande jogo, amigos que não o envolvam em seus dramas. Nada de emoção nem de pressão adicional. Porque, quando começamos a dizer "Opa, terei um grande jogo amanhã, então não me perturbe" a nós mesmos e a todos ao nosso redor, começamos a ficar emotivos. E essa é a pior coisa que podemos fazer.

Na noite anterior à vitória do Miami sobre o Oklahoma City, em 2012, Dwyane estava se exercitando na arena tarde da noite, e a cada poucos minutos, seu telefone tocava; eram os membros de seu time lhe enviando mensagens, dizendo que não estavam conseguindo dormir ou se acalmar. Não quero ouvir isso. Quem faz isso mostra que está se deixando afetar pela pressão e que perdeu o controle. Garanto que os jogadores mais jovens do Thunder se sentaram para jogar videogame, sem temer nem pensar em como seria perder naquele ponto; afinal, a maioria deles nunca havia chegado lá. Esse tipo de inocência não dura muito tempo, porém; na próxima vez, eles também não conseguirão dormir.

Pense naquele momento intenso quando estamos no ponto mais alto da montanha-russa, logo antes de começar aquela queda livre. Sabemos o que vem em seguida, sabemos que deveria ser assustador. Gritamos? Entramos em pânico? Ou permanecemos calmos e destemidos, porque sabemos que podemos dar conta do que quer que aconteça em seguida? Essa diferença é o que nos diferencia daqueles que se entregam ao medo e não conseguem controlar seus sentimentos.

TIM S. GROVER

Quando todos os demais estão agitando as coisas, prefiro que meus jogadores comecem e permaneçam tranquilos durante todo o jogo. Afinal, qualquer coisa que comece agitada demais só tende a esfriar. Quando queremos conservar nosso alimento, o que fazemos? Nós o congelamos. Nós o mantemos resfriado. Assim ele dura mais. Enquanto as luzes ficam cada vez mais brilhantes e o lugar fica mais agitado, deveríamos nos sentir mais sombrios e tranquilos, nos voltando cada vez mais para nosso interior. Essa é nossa zona de concentração, em que tudo se resume ao instinto; tateamos na escuridão, ao passo que os demais precisam ver e ouvir o que todo o mundo está fazendo. Vamos tateando. As pessoas que não conseguem entrar nesse espaço são nossos assassinos.

O caminho até a zona de concentração começa por confiarmos em nossos instintos, e é sobre isso que falaremos a seguir.

Nº1. Os Limpadores...

... sabem exatamente quem são.

Um Esfriador pensa naquilo que deveria pensar.

Um Fechador pensa, analisa e, eventualmente, age.

Um Limpador não pensa; ele simplesmente sabe.

Todos nós nascemos maus.

Sinto muito, mas essa é a verdade. Nós nascemos maus e precisamos ser ensinados a ser bons.

Veja bem, se você já está fazendo "não" com a cabeça e franzindo as sobrancelhas em desaprovação, não iremos muito longe. Se quiser ir a algum lugar novo, precisará jogar fora esse mapa velho e rasgado e parar de seguir o mesmo caminho que dá no mesmo beco sem saída. Eu prometo, você jamais esteve no lugar para onde estamos indo.

Nascemos maus. Somos ensinados a ser bons.

Ou, se preferir: nascemos implacáveis e somos ensinados a ceder.

TIM S. GROVER

Pense nisso. Já nascemos com os instintos mais básicos que garantem nossa sobrevivência: os bebês não precisam pensar nas suas necessidades, eles não avaliam como se sentem, não planejam ou decidem como conseguir o que querem. Eles simplesmente sabem, instintivamente, que estão com fome, cansados, molhados, com frio ou com calor... e gritam até ficarem satisfeitos. Exigências puras, pré-verbais e inatas por resultados imediatos. Não podemos argumentar com um bebê ou tentar convencê-lo de que ele está errado. Não podemos inserir nossos valores nele ou lhe explicar por que ele não pode comer naquele momento. Os bebês dizem a todos como as coisas serão, e é justamente isso o que acontece. Eles seguem seus instintos, prosperam e conseguem o que desejam.

Os bebês são total, natural e insaciavelmente implacáveis. Poucos anos mais tarde, eles estão correndo por aí, berrando feito loucos, fazendo bagunça e colocando mais comida no cabelo do que na boca. Por quê? Porque já têm 2 anos, e é isso que seu instinto lhes diz que devem fazer.

Então os adultos começam a ler livros sobre aquelas terríveis criaturinhas de 2 anos e estragam tudo.

"Silêncio, fique quieto, pare de correr, pare de chorar, espere a sua vez, você vai se machucar, comporte-se... por que você não pode se comportar como o seu irmão? Seja bonzinho!"

Nós pegamos todos esses poderosos instintos naturais, essas reações instantâneas que vêm lá do íntimo, os classificamos como mau comportamento e fazemos todo o nosso possível para acabar com eles. Que desperdício! Toda essa energia, esse ímpeto, essa intuição e essas ações naturais... reduzidos a um castigo no canto da sala. Desde quando éramos crianças até nos tornarmos adultos, fomos ensinados a ser "bons". O que havia de errado com a forma como éramos antes?

Nascemos implacáveis e somos ensinados a ceder.

Você consegue se lembrar da época em que não era ensinado a saber seus limites, a obedecer, a ver o que todo o mundo está fazendo, a avaliar as opções e a se preocupar com o que os outros dirão? Em certo ponto, paramos de fazer o que nos é natural e começamos a fazer o que nos mandavam fazer. Pegamos todos nossos anseios, desejos e nossas ideias e guardamos em um lugar em que ninguém pode encontrá-los.

Mas, agora mesmo, neste exato minuto, você sabe que eles ainda estão lá, naquela parte que você não mostra a ninguém, a parte que se recusa a ser ensinada, que se recusa a se conformar e a se comportar. Esse é o lado obscuro do seu instinto.

Sem ele, ninguém pode se tornar ótimo no que faz.

Pense em um leão correndo solto. Ele persegue a sua presa, a ataca e a mata à vontade; então, vai atrás de sua próxima conquista. É isso o que seu instinto de leão lhe diz para fazer; ele não sabe de mais nada. Ele não está se comportando mal; ele não é mau, está simplesmente sendo um leão. Agora o leão está preso em um zoológico. Ele fica ali, deitado o dia inteiro, quieto, letárgico e sendo bem alimentado. O que aconteceu com seu poderoso instinto? Ele ainda está lá, nas partes mais profundas do leão, esperando para ser solto. Se o leão saísse do zoológico, ele voltaria a perseguir a presa e a atacá-la. Ao voltar para a jaula, tornaria a ficar deitado.

A maioria das pessoas é como esse leão enjaulado. Seguro, manso, previsível, só esperando alguma coisa acontecer. Mas no caso dos humanos, essa jaula não é feita de vidro e barras de ferro; ela é feita de maus conselhos, baixa autoestima, regras estúpidas e ideias que nos torturam quanto ao que não podemos ou deveríamos fazer. Ela é construída ao nosso redor por uma vida inteira de reflexões e análises em demasia e pelo fato de nos preocuparmos com o que poderia dar errado. Se permanecermos nessa jaula tempo demais, acabaremos nos esquecendo de nossos instintos básicos.

Mas eles estão lá, neste exato momento, esperando que encontremos a chave para a jaula e que, finalmente, possamos parar de pensar no que vamos fazer se sairmos. Todo aquele instinto assassino está só esperando para atacar.

O que o está impedindo?

Será que podemos obter um nível razoável de sucesso apenas ao seguir instruções e permanecer dentro de nossos limites? Claro. É isso o que a maioria das pessoas faz. Mas se estivermos pensando em nos tornar membros da elite, sem limites, precisaremos aprender a colocar de lado tudo o que nos foi ensinado: todas as restrições, os limites, a negatividade e a dúvida.

Se isso parece muito complicado e confuso para você, deixe-me colocar em termos mais simples:

Você precisa parar de pensar.

É tão básico! Você é bom no que faz? Talvez, inclusive, ótimo no que faz? Será que você pode ser o melhor? Sim?

Se você disse "não", lhe darei um momento para mudar sua resposta.

De novo: será que você pode ser o melhor?

É claro que sim.

Então por que ainda está questionando sua habilidade de fazer isso?

Resposta rápida: porque, em certo ponto, você fez com que uma coisa simples se tornasse algo complicado e parou de confiar em si mesmo.

IMPLACÁVEL

Costumo receber ligações de atletas que se sentem totalmente esgotados por causa de todos os especialistas, treinadores, nutricionistas e técnicos, cada um sobrecarregando tanto esses jogadores que eles perdem a habilidade natural que fez com que se tornassem ótimos no que fazem. Qualquer pessoa que assistiu a uma aula de golfe entende o seguinte: devemos começar com uma boa tacada, com total naturalidade, e quando terminarmos, teremos tanta coisa para pensar, que não nos lembraremos de por que escolhemos jogar golfe. Sempre que pegamos um instinto natural e tentamos alterá-lo, temos problemas. Podemos usá-lo como base, acrescentar algo a ele, aprimorá-lo, mas não podemos domá-lo. Existe uma diferença entre "treinar" e "domar". Podemos treinar as pessoas para se tornarem melhores e irem mais alto, além do que poderiam fazer sozinhas. Mas "domar" significa treiná-las para se tornarem algo menor. Certa vez, quando perguntaram ao boxeador Leon Spinks o que ele fazia para viver, ele respondeu: "Nocauteio esses desgraçados." Pronto. Simples. Não precisamos mudá-lo ou alterá-lo em nenhum sentido, nem lhe ensinar algo diferente. Esse é o instinto natural dele. Deixe-o em paz.

Tudo de que precisamos já está dentro de nós. Viemos programados, com instintos e reflexos criados para nos ajudar a sobreviver e ser bem-sucedidos. Não precisamos pensar para colocá-los em funcionamento, pois eles estão sempre "ligados".

Os reflexos são fáceis: se alguém quisesse jogar uma bola na nossa cara, precisaríamos parar e pensar no que fazer? Não. Ou pegaríamos a bola, ou nos abaixaríamos, ou acabaríamos com uma cara amassada. No mínimo, nos retrairíamos. Se alguém joga algo em direção de nossos olhos, nós piscamos. Se encostamos em alguma coisa quente, tiramos a mão. Todos nascemos com esses instintos básicos de sobrevivência. Não podemos ensiná-los a alguém ou fazer as pessoas se esquecerem deles; eles fa-

TIM S. GROVER

zem parte de nós. Não precisamos pensar se esses reflexos farão a parte deles; eles sempre fazem.

É assim que quero que você entenda como o instinto funciona. Sem pensar. Apenas reagir por estar tão pronto, preparado e confiante de que não haverá nada em que pensar. Se estamos dirigindo e, de repente, o motorista do carro da frente freia, será que pausamos para pensar nas opções ou paramos para pedir algum conselho? Não, nós pisamos no freio também! Sem pensar nem hesitar. Respondemos instantaneamente, com base em nossa experiência e nosso preparo. Se pensarmos, morreremos. Quando simplesmente sabemos, podemos agir.

Quer estejamos praticando um esporte ou administrando um negócio, o conceito é o mesmo. Não temos de marcar uma reunião para discutir como tomar uma decisão; podemos simplesmente tomar a decisão. Nossos instintos foram tão bem treinados que teremos uma resposta reflexiva que nos permitirá atacar sem pensar.

Em outras palavras, estaremos na zona de concentração.

Vamos voltar ao exemplo do leão que está perseguindo a presa. Silencioso, determinado, concentrado... sabendo de modo instintivo que, independentemente do que a vítima faça, ela não tem nenhuma chance. O leão espera... espera... espera... até aquele inevitável momento de fraqueza. Então ele ataca! Pronto. Próximo. Ninguém precisa lhe mostrar o que fazer ou como pensar. Ele já sabe. E você também.

Garanto que, quando Kobe se aposentar algum dia[1], todas as histórias escritas sobre ele falarão sobre seu instinto assassino. E deveriam: ele é o predador atlético supremo. Como competidor,

---

1   O jogador Kobe Bean Bryant faleceu no dia 26 de janeiro de 2020, em um acidente de helicóptero. A edição original deste livro foi publicada em 2013. (N. E.)

ele se concentra no seu alvo, e após isso, nada é capaz de impedi--lo. Ele não precisa ver, ouvir ou sentir nada além de seu desejo de conquistar; não há nada entre ele e sua presa. Ele a deseja, precisa dela e, como um verdadeiro assassino insensível, ele está preparado para atacar.

Mas as pessoas falam sobre o instinto assassino como se fosse o slogan de uma camiseta, um clichê qualquer, usado para descrever um competidor feroz. Os comentadores de TV se reúnem para discuti-lo, como se fosse algo que faz parte de uma técnica: "E quando podemos esperar ver aquele instinto assassino?", perguntam. "Ah, ele costuma surgir por volta do 4º quarto!" Eles não fazem ideia!

Qualquer pessoa que tenha realmente experimentado seu poder bruto sabe que ele não pode ser resumido em algumas poucas palavras. A maioria das pessoas que diz ter o instinto assassino raramente o tem, porque, quando temos esse tipo de poder, não ficamos falando dele. Não precisamos pensar nele. Simplesmente o usamos.

Parar de pensar no que os outros pensam tanto certamente é um desafio. Nosso treinador, nosso chefe, os membros de nossa família e de nosso time, nossos colegas... eles são especialistas no que deveríamos fazer e raramente perdem a oportunidade de nos dizer isso. Alguns dos maiores atletas de qualquer esporte não conseguem lutar contra a necessidade de pensar demais. Eles estudam toda a filmagem, assistem aos mesmos replays repetidas vezes e analisam cada movimento para se preparar para responder corretamente a diferentes situações. Isso é um Fechador. Ele aprende a reagir às ações dos outros, esperando pelo momento certo de responder. Mas e se esse momento não surgir? E se o oponente fizer algo inesperado e seguir na direção oposta?

Agora o Fechador se sentirá perdido para o jogo em si, pois está decidido a reconhecer algo que viu na gravação, esperando que aquela situação específica aconteça, tentando se lembrar das respostas certas. Em vez de jogar o próprio jogo, ele está jogando o jogo do outro cara. Reagindo, em vez de agir. Pensando demais. Analisando demais. É assim que perdemos aquela habilidade natural que faz com que nos tornemos grandiosos.

Isso acontece com técnicos o tempo todo. Alguns deles conhecem todas as jogadas, mas assistem a tantas filmagens, que não têm uma perspectiva individual do que realmente acontece em quadra. Eles podem nos falar sobre todos os detalhes do que está acontecendo no vídeo, mas durante um jogo de verdade, é como se estivessem jogando em um Xbox sem controle. Eles não têm um vídeo no qual se basear; nem instintos, nem chance de sucesso.

Quando nos concentramos demais no que acontece ao nosso redor, perdemos contato com o que acontece dentro de nós. Esses são os caras que são perfeitos no treino, mas que estragam tudo quando chega a hora da verdade. Eles não conseguem se concentrar; ficam distraídos com a própria linha de raciocínio e não confiam em si mesmos. Ficam pensando em tudo o que pode dar errado, pensando no que todos os outros estão fazendo; sem a menor sombra de dúvida, pensando *"Eu consigo"*, em vez de simplesmente saber disso.

Michael era mestre em não pensar. Antes de cada jogo, a equipe de treinamento do Bulls fazia uma reunião do time, revisava o plano do jogo, falava sobre o oponente e sobre o que eles podiam esperar. Uma folha era distribuída com as jogadas e com informações básicas; apenas algo para os jogadores revisarem. Michael levantava, pegava essa folha e ia para outro cômodo. Sempre. Ele não queria ouvir o que todo o mundo deveria fazer. Ele já sabia o que fazer. O que alguém poderia lhe ensinar naquele momento?

Absolutamente nada. Se *havia* alguma coisa que precisasse saber, ele já estava sabendo disso muito antes dos demais. Com bastante antecedência, ele já sabia do que precisava saber e como fazer; com toda a certeza, ele não esperaria até a hora do jogo para descobrir. Sua maestria no jogo era tão perfeita, que não importava o que precisava enfrentar; ele estava pronto.

Como todos os Limpadores, ele não estudava os oponentes, mas os obrigava a estudá-lo. Os outros caras sentavam lá para analisar e pensar no que poderia acontecer; ele não precisava fazer isso. Ele sabia que suas habilidades e seu conhecimento haviam sido tão aperfeiçoados, que podia dar conta de qualquer situação; ele havia se esforçado bastante por tanto tempo, que seu corpo e sua mente sempre sabiam o que fazer como que por reflexo. Com Michael, tudo havia se tornado automático. Ele repetia os mesmos movimentos vez após vez até que não precisasse mais pensar em nada. Apenas precisava deixar esses instintos assumirem o controle.

Aqueles que são ótimos no que fazem nunca param de aprender. Sem técnica, o instinto e o talento fazem com que nos tornemos imprudentes, como um adolescente dirigindo um carro potente de alta performance. O instinto é como a argila crua, que podemos transformar em uma obra de arte se desenvolvermos habilidades que se igualem aos nossos talentos. Isso somente é possível se aprendermos tudo o que precisamos saber sobre o que conseguimos fazer.

Mas aprender de verdade não significa ficar assistindo a aulas. Significa absorver tudo o que pudermos e confiar que usaremos o que sabemos instantaneamente, sem pensar. Instintivamente, não impulsivamente... rapidamente, não com pressa. Não ter a menor dúvida de que todas as horas de trabalho criaram uma fonte interna de recursos sem limites à qual podemos recorrer em qualquer situação. Ter a maturidade e a experiência de saber quem somos e como chegamos ao topo e a resistência mental para permanecer lá.

Kobe, o jogador mais velho do time de basquete dos EUA nas Olimpíadas de 2012, em Londres, era assim. Rodeado de superastros muito mais jovens do que ele, aos seus 33 anos — eles o estavam chamando de OG, sigla em inglês para "Gangster Original" —, os repórteres lhe perguntaram se ele podia aprender alguma coisa com os jogadores mais jovens.

"Não."

"Você sabe tudo?", perguntou um dos repórteres.

"Não sei se sei tudo", Kobe respondeu, "mas sei mais do que eles".

Se, assim como Kobe, estamos dispostos a ir à academia três vezes por dia para fazer arremessos e aperfeiçoar cada detalhe do nosso jogo, estaremos prontos para praticamente tudo. Ele assiste a vários vídeos, analisando cada detalhe... mas também trabalha incansavelmente no que aprende por meio desses vídeos. Isso é um Limpador; não apenas aprender, mas pegar o que se aprende e, com base nisso, criar novas maneiras de melhorar. Todas as ações se tornarão instintivas se estivermos dispostos a investir tempo e esforço para aumentar nosso arsenal de respostas espontâneas. Isso é especialmente verdade no caso de um jogador veterano, que sabe que a maturidade, a experiência e os velhos instintos são inestimáveis em comparação com pernas fortes sem nada na cabeça.

Gostaria de ver alguém com o puro instinto de Limpador? Assista a um vídeo de Larry Bird no Torneio de Três Pontos do All-Star Game de 1988 contra Dale Ellis. Bird havia vencido o torneio nos últimos dois anos, estava de volta para defender o título e deixou bem claro que estava lá para vencer: "Quem vai terminar em segundo lugar?", ele perguntou aos outros jogadores no vestiário. Não seria ele. Após cada arremesso, assim que a bola deixava de tocar seus dedos, ele já se virava para a prateleira para pegar a próxima bola. Ele não via nenhum dos arremessos depois que a bola saía de suas mãos. Algumas entravam, outras acertavam o aro, mas ele não ficava olhando nenhum arremesso. Ele já estava no meio da quadra, voltando para o banco, quando a bola da vitória passou pelo cesto; ele sequer havia tirado a camiseta de aquecimento. Puro instinto. Ele não precisava esperar para ver o que aconteceria. Ele já sabia.

Pare de ficar esperando alguém lhe ensinar o que você já sabe. Quantos milhões de livros sobre dieta e exercícios são vendidos por ano? Posso lhe prometer que todas as pessoas que compraram algum desses livros já sabiam a resposta: mantenha uma alimentação mais saudável e mexa-se. Podemos comer essas ou aquelas calorias e nos movermos dessa ou daquela forma, mas o resultado será o mesmo e sabemos disso. Elas compraram esses livros sabendo o que precisavam fazer, mas estavam esperando que outra pessoa lhes dissesse isso. De novo. E em vez de simplesmente tomarem a decisão de manter uma alimentação mais saudável e se movimentar mais — durante o resto da vida, e não apenas por 21 dias, 5 horas por mês ou qualquer que seja a tendência em voga —, elas se sentam com seus livros e analisam a situação. Confie em mim: ninguém jamais perdeu peso sentado em um sofá lendo um livro.

Não estou dizendo que você deve parar de procurar por respostas. Mas procure aprender sobre si mesmo e, então, confie nesse conhecimento para se desenvolver com base no que já tem. Não se trata de ciência. O instinto é o oposto da ciência: a pesquisa nos diz o que os outros aprenderam; o instinto nos diz o que *nós* aprendemos. A ciência estuda outras pessoas; o instinto tem a ver com nós mesmos. Estamos dispostos a basear nossas decisões e ações em pesquisas feitas por e sobre outras pessoas que não conhecemos, cujo melhor conselho que podem dar é nos incentivar a mudar? Quem nos conhece melhor do que nós mesmos?

Oprah disse, certa vez: "Toda decisão correta que tomei foi instintiva, mas toda decisão errada que tomei foi o resultado de deixar de escutar." Exatamente. É claro que ela também passou 25 anos apresentando um programa para pessoas que preferiam escutá-la, em vez de escutarem ao próprio instinto, ao passo que ela lhes dizia em quem deveriam acreditar, o que deveriam fazer e como deveriam mudar. Todos os dias, milhões de pessoas vinham para ouvir alguém lhes dizer o que estavam fazendo errado, para que pudessem receber instruções sobre como viver de acordo com os padrões de outra pessoa.

Pergunto-me se alguma dessas pessoas foi para casa pensando o seguinte:

As pessoas não mudam. Podemos ganhar milhões de dólares ou perder milhões de dólares, podemos ganhar uma promoção ou perder o emprego, ganhar 20 quilos ou perder 20 quilos... mas ainda seremos as mesmas pessoas. Exatamente as mesmas. Podemos mudar de ambiente, de cônjuge, de carreira... mas ainda seremos as mesmas pessoas. Não importa o que tentamos, essa mudança será temporária; mais cedo ou mais tarde, voltaremos a ser quem realmente somos.

Você se lembra do bilhete que não entreguei a Dwyane? "Para conseguir o que realmente desejamos, primeiro precisamos ser quem realmente somos."

Isso é um Limpador. Quando olhamos para dentro de nós, conseguimos enxergar o que é real. Quando olhamos para o exterior, vemos apenas imagens e o que as pessoas querem que vejamos: uma imagem manipulada da verdade. Pergunte-se: como seria se eliminássemos toda a pressão e a expectativa externas e simplesmente fôssemos nós mesmos?

Sei que você está pensando: "Isso não é tão fácil assim." Ora, nem precisa ser. Se fosse fácil, todo mundo estaria fazendo isso. Muitas pessoas começam a fazer as coisas, mas poucas conseguem terminá-las. Por quê? Elas não confiam em si mesmas para chegarem até o fim. Começam a pensar em tudo o que poderia dar errado, a questionar suas escolhas e a ouvir a outros, em vez de ouvirem a si mesmas. Todo o mundo pode ter uma boa ideia... é o que fazemos com essa ideia que nos definirá. No caso de um Esfriador, uma ideia viaja de seu cérebro até sua boca — ele precisa falar sobre ela, discuti-la, compartilhá-la com outros para obter feedback e aprovação. No caso de um Fechador, a ideia quer chegar até seu instinto, mas se desvia para o coração, onde seu ímpeto é reduzido por emoções e mais pensamentos. No caso de um Limpador, porém, os pensamentos vão direto para seu instinto; então o instinto assume o controle e coloca as ideias em prática imediatamente.

Por falar nisso, essa é a principal diferença entre um Fechador e um Limpador. Um Fechador pensa no que quer; um Limpador sente isso. Um Fechador diz ao coração qual resultado deseja; um Limpador nunca precisa pensar em nada, pois seu coração toma as decisões por conta própria. Total confiança em seu instinto. A diferença é aquele milissegundo de pausa entre pensar "Posso fazer isso" e não ter que pensar em nada.

Quando somos ótimos no que fazemos, confiamos em nossos instintos. Quando somos sem limites, nossos instintos confiam em nós.

O instinto é aquilo que nos diz como terminar a luta. Quando ouvimos uma cacofonia de instruções externas, paramos de experimentar um milhão de coisas diferentes sem a total confiança de que alguma delas dará certo. Mas quando confiamos em nós mesmos, temos foco e eficiência para identificar aquele grande movimento que fará o serviço. Pense em um boxeador. Ele pode ficar dando voltas e mais voltas no ringue, pronto para qualquer coisa, até que, de repente, aproveita o momento pelo qual esteve esperando. Nenhum movimento é desperdiçado. Ele não sente pânico. Não há espaço para erro. Ele visualizou esse momento em sua mente diversas vezes. Assim, está tão preparado, que não precisa pensar nisso. Ele sabe exatamente o que fazer. Isso é instinto.

Acredite no que sabe sobre si mesmo. Quando decidi me formar em cinesiologia, todos me disseram:

"Ah, você vai ser um instrutor de academia?"

"Não, vou treinar atletas profissionais."

"Você pode gerenciar um clube de saúde!"

"Não, vou treinar atletas profissionais."

Não teremos *nenhuma* chance de chegar a algum lugar se nos permitirmos ficar paralisados por causa de desculpas rasas e inúmeros motivos para nunca chegar aonde queremos. Confie em seu instinto para orientá-lo na difícil estrada à sua frente. A satisfação e o senso de conquista explodirão sua mente quando, por fim, você chegar lá, sabendo que fez isso apenas por seguir as orientações de seu instinto.

Pare de pensar. Pare de esperar. Você já sabe o que precisa fazer.

Mas o instinto é apenas metade da fórmula; não podemos ser competidores implacáveis sem uma viagem até o lado obscuro, e é para lá que iremos a seguir.

Nº 1. Os Limpadores...

... têm um lado obscuro que se recusa a ser ensinado a ser bonzinho.

Um Esfriador tenta lutar contra seu lado obscuro e perde.

Um Fechador reconhece que tem um lado obscuro, mas não consegue controlá-lo.

Um Limpador usa seu lado obscuro, transformando-o em um poder bruto e controlado.

Você conhece a história do Dr. Jekyll e do Sr. Hyde? Um médico respeitado e honesto cria uma poção que o transforma temporariamente em um predador sombrio e sinistro e, por um tempo, ele descobre que aprecia se sentir livre do medo, da moralidade e das emoções, não ligando para nada nem ninguém. Pela primeira vez na vida, ele faz o que quer, e não o que foi ensinado a fazer.

Jekyll leva uma vida pacata, seguindo as regras; Hyde age por impulso e instinto; ele existe apenas na zona de concentração de

Jekyll. Hyde faz o que deseja e não liga para as consequências ou se ele destrói alguém durante o processo.

Eles são a mesma pessoa, com os mesmos desejos, mas só podem se sentir satisfeitos quando Jekyll se transforma em Hyde. Jekyll vive na luz, Hyde habita a escuridão, e esses instintos só podem se manifestar quando permitimos que nosso lado obscuro venha à tona.

É sobre isso que falaremos aqui — uma transformação no nosso *alter ego*, nosso lado obscuro, nos tornarmos quem realmente somos, quem nossos instintos nos levam a ser. Obviamente, Hyde era um psicopata, e não estou sugerindo que ninguém chegue a esse ponto. Mas se quisermos sair de nossa rotina e alcançar o próximo nível, precisaremos deixar nossa bagagem para trás. É isso o que acontece quando o Super-Homem tira o terno e os óculos do tranquilo Clark Kent, quando o Incrível Hulk fica verde, quando o Batman coloca a capa e quando o Lobisomem uiva para a Lua. Trata-se de nossa habilidade voluntária ou involuntária de deixar para trás todas as asneiras e inibições e nos permitir fazer o que queremos e da maneira como queremos, agindo instintivamente no nível mais extraordinário. Sem medo, sem limites. Apenas ações e resultados.

Lembra-se de quando começamos a falar sobre os instintos? Que nascemos maus e precisamos ser ensinados a ser bons?

Bem-vindo ao seu lado obscuro.

Dentro de nós existe uma força inegável que dirige nossas ações. Essa é a parte que se recusa a ser comum, que permanece bruta e indomável. Não é apenas o instinto, mas o instinto assassino. Do tipo que mantemos na escuridão, naquele lugar em que desejamos coisas das quais não falamos. E para os outros parecerá que não nos importamos como isso porque sabemos quem somos e não mudaríamos nada, mesmo se tivéssemos a oportunidade.

IMPLACÁVEL

O que não pode acontecer, porque ninguém muda realmente.

Podemos tentar, fazer promessas, procurar ajuda, ler livros e aprender maneiras de suprimir nossa natureza básica, mas quem realmente somos por dentro permanece o mesmo. Não há outra opção. Ele é quem realmente *somos*. Não é mau nem bom, é apenas nosso instinto natural e indomado nos dizendo o que deseja e nos motivando a procurar isso. Sexo, dinheiro, fama, poder, sucesso... o que quer que desejemos.

Antes que você me diga que não tem um lado obscuro, posso lhe assegurar que todo mundo tem um.

Na sua mente, agora mesmo, pense nas coisas que não quer que ninguém saiba sobre você. Tudo bem, ninguém saberá. Os segredos que guardamos, as manobras que nos ajudaram ao longo do caminho, nossos desejos, nossa ganância, nosso ego... o desejo que temos por coisas que não deveríamos ter.

Esse é o nosso lado obscuro. Precisamos dele. Porque, caso você ainda não tenha entendido, ele é o elemento essencial para nos concentrarmos e obtermos o que queremos.

Fato: conheci diversas pessoas muito bem-sucedidas e motivadas, e, sem exceção, cada uma delas tinha um lado obscuro. Seu domínio e sua habilidade de apresentar um desempenho acima da média são motivados por algo profundo e intenso; ele os alimenta e sustenta. O fogo para provar nossa excelência, a energia sexual, a insegurança... é diferente em cada indivíduo, mas tudo se resume em aceitar nosso lado obscuro, aquele que ninguém mais pode ver. Livrar-se da rede de segurança e das opiniões críticas que restringem a maioria das pessoas. Deixá-las para trás.

Responda-me com sinceridade: quantos líderes nos esportes/negócios/Hollywood/política — os grandes nomes de qualquer área — você consegue citar com 100% de certeza que nunca se envolveram em nenhum escândalo? Não precisam ser celebridades,

TIM S. GROVER

e o escândalo não precisa ser público. Quantas pessoas poderosas nunca se envolveram em algum tipo de controvérsia moral/ética/legal/marital/financeira/pessoal?

É o que pensei. Não existem muitas.

E adivinhe só: foi graças a isso que elas se tornaram poderosas. Não são pessoas ruins, apenas não estão satisfeitas em serem como o certinho e complacente Jekyll. Sei que a sabedoria convencional nos dá todos os motivos para ficarmos longe de problemas, resistir às tentações e ter uma vida limpa e virtuosa. Mas ser convencional é para aqueles que estão contentes em serem comuns, e isso não nos levará ao topo.

Toda vez que ouvimos falar de uma dessas pessoas — um político, um CEO, um atleta ou uma celebridade — envolvida em algum "escândalo" e meneamos a cabeça pensando "Que idiota", estamos olhando diretamente para seu lado obscuro. Ela sabia de antemão o que estava fazendo e sabia das consequências, mas foi em frente mesmo assim.

Ela poderia ter controlado suas ações se desejasse, mas não fez isso. Por quê? Porque, quando estamos acostumados a vencer, queremos continuar vencendo *em tudo*. Aquele impulso implacável de controlar o incontrolável, de conquistar tudo o que está no caminho... esse é o lado obscuro nos motivando a ser quem realmente somos. Nenhum desafio é grande, intimidador ou perigoso demais porque não temos nenhum medo de cair. Nenhum. A satisfação não vem do risco, vem da conquista. *Estou com tudo.*

Quanto mais conquistamos, mais poderosos nos sentimos. Não podemos nos tornar os melhores em alguma coisa sem uma enorme confiança e uma couraça impenetrável. Chegamos lá por assumir riscos enormes que outros não querem assumir, porque confiamos em nossos instintos para saber quais riscos não representam riscos de verdade. Quando estamos no limite da zona de concentração, nosso lado negro coloca seu dedo sedutor nas nossas costas e sussurra: "Vá."

O lado negro é nosso combustível, nossa energia. Ele nos anima, nos mantém no limite, nos recarrega, enche nosso tanque. É nossa única via de escape, a única coisa que controla nossa mente em outro lugar e nos permite reduzir a tensão por um breve período. Para alguns, é o sexo, em especial com alguém com quem eles não deveriam fazer sexo. Para outros, podem ser exercícios, bebida ou golfe. Pode ser uma necessidade obsessiva de trabalhar, jogar ou gastar muito dinheiro. Qualquer coisa que represente um desafio particular e teste nosso controle antes que ele nos controle. É um vício tão poderoso quanto nosso vício em sucesso.

O lado negro não precisa ser doentio, mau ou criminoso; podemos ser boas pessoas e ainda ter essa parte dentro de nós que permanece indomável. Pense nos super-heróis clássicos: Homem-Aranha, Super-Homem, Batman; todos eles lutam em nome da justiça, mas vivem na escuridão. A escuridão é simplesmente aquela parte de nós que não vê a luz do dia. É interna até que atuemos com base nela, e só faremos isso em particular ou na presença de pessoas em quem podemos confiar para guardar nosso segredo. Estou falando daqueles instintos e comportamentos básicos que são tão particulares, que somos as únicas pessoas que sabem que eles existem. Desde a tenra idade, fomos ensinados que essas coisas eram ruins — não toque, não olhe, não diga isso —, de modo que as guardamos e aprendemos que não deveríamos desejá-las, que não poderíamos tê-las. Porém, isso só fez com que as desejássemos ainda mais, até que nos cansamos de esconder quem realmente somos, admitimos a verdade para nós mesmos e, finalmente, fazemos o que sempre gostaríamos de ter feito.

"Permanecer em segurança" significa ter limites, mas não podemos nos restringir se queremos ser implacáveis.

Sempre que temos uma luta interna entre o que queremos e o que sabemos que é "certo"... lutamos contra nosso lado negro. E podemos lutar por um tempo, mas não vencer, porque o lado negro não pode ser imobilizado. Podemos tentar controlá-lo ou restringi-lo, mas não silenciá-lo. Ele sempre levanta e continua lutando para nos controlar. Veja o que aconteceu com o pobre Dr. Jekyll: ele acabou se matando quando percebeu que o Sr. Hyde — o seu lado negro — estava despertando por conta própria e que ele não podia mais controlar o incontrolável.

Um Limpador controla seus desejos, e não o contrário. O lado negro não se resume a assumir riscos estúpidos e se envolver em problemas; isso seria fraqueza. Podemos sentir nossos desejos e agir, ou deixar de agir com base neles; nosso autodomínio é o que nos distingue dos demais. Podemos nos afastar ou nos segurar quando quisermos. Pegamos uma garrafa porque queremos beber, não porque precisamos beber. Podemos ficar com as mulheres mais gostosas e curtir o momento com todas elas, mas não nos envolver demais. Podemos ficar mais 1 hora na mesa de 21 ou ir embora enquanto ainda estamos ganhando. Podemos ficar no escritório trabalhando até tarde sabendo que poderíamos estar em casa. Vemos todos os outros tropeçando, tentando manter o passo conosco.

E então encontramos a próxima coisa na qual podemos vencer, e a próxima, e a próxima, porque ser implacável é uma fome que nunca acaba. Assim que um Limpador obtém o sucesso e a emoção da adrenalina acaba, ele precisa de mais e corre atrás. A sensação de obter esse resultado é ótima, e é difícil demais voltar à realidade. Ele precisa devorá-la, continuamente, sempre ansiando pelo sabor da total e completa satisfação.

IMPLACÁVEL

Mas o que acontece quando essa satisfação não pode ser obtida com frequência? Nos esportes, só é possível vencer o campeonato uma vez por ano. Toda essa competitividade, esse esforço e sacrifício... para uma dose por ano. E acabou. Apenas uma. Se ele não vencer, terá que esperar mais um ano. Talvez dois.

Se estamos tão motivados a atacar e vencer, não podemos simplesmente ligá-lo e desligá-lo; isso é quem somos, é o que nos define. Nunca soltando o ar. Nunca satisfeitos. Falamos sobre isso todos os dias, todos os anos, chegando ao topo e permanecendo lá. Sendo os melhores e ainda querendo melhorar. Não apenas pensando no sucesso, mas tentando prová-lo, prová-lo e prová-lo. Sem dias de folga. O que faremos para satisfazer esse desejo?

Um Limpador precisa conquistar algo mais; ele tem fome demais para esperar. Algo que possa dominar e controlar, algo que o mantenha afiado e competitivo, de modo que possa continuar avançando em direção à próxima conquista. Assim, ele experimenta outra coisa, algo que possa fazer em particular para preencher esse vazio e satisfazer esse desejo competitivo insaciável que não pode ser satisfeito de outra maneira, algo que lhe permita continuar concentrado, como um predador, um mestre implacável com um instinto assassino.

A habilidade de ir à academia todos os dias e fazer o que mais ninguém está disposto a fazer: isso vem do lado obscuro. A motivação de chegar ao topo e permanecer lá? O lado obscuro. Um Limpador com um lado obscuro forte pode ser bem-sucedido no que desejar, e seu caminho costuma ser determinado na juventude, por sua família, pelo seu ambiente ou pela cultura. De uma forma ou de outra, ele será o melhor em alguma coisa. Um impacto positivo em sua vida poderia levá-lo aos negócios ou ao atletismo; um impacto negativo poderia levá-lo a uma vida de crimes. Pensando bem, existe uma diferença muito grande entre os instintos de um poderoso empresário, um poderoso chefe do crime e um poderoso atleta? Eles são todos "assassinos" na sua área, motivados a ser os melhores, diabólicos em suas estratégias para atrair e esmagar o concorrente, igualmente implacáveis em seu desejo de vencer a qualquer custo, e nenhuma de suas vítimas os vê chegando, até que seja tarde demais. Eles não necessariamente matam com armas; eles matam com habilidades, engenho e com seu arsenal mental. Eles são brilhantes no que fazem. E todos têm o mesmo objetivo:

Atacar, controlar e vencer. Qualquer coisa para obter resultados.

Então fazem tudo de novo. E de novo.

Os Limpadores vão para casa para se desligar de seu lado obscuro; essa é sua válvula de segurança. É por isso que muitos homens lutam para permanecer casados, apesar de serem pegos fazendo algo que não deveriam fazer: o lar é o único local seguro que eles conhecem. O lar nos cerca de conforto e segurança; a força do lado obscuro vem de outro lugar. Vamos para casa para nos sentirmos seguros e amados e saímos para sentir a emoção. O lar traz calma e aconchego; no lado de fora faz calor. Talvez não queiramos admitir isso, mas não podemos negar. O fogo de nosso instinto vem do lado obscuro, e nele não há lugar para a mesa de jantar da família.

Os Limpadores entendem isso. É isso que faz deles Limpadores. Se você é um Limpador, sabe do que estamos falando e provavelmente não consegue acreditar que estamos falando sobre isso.

O lado obscuro não tem nada a ver com o que acontece no lar; as pessoas tentar colocar a culpa no lado obscuro, mas sabem que isso não passa de uma desculpa. Trata-se de como eles se sentem por dentro, e ninguém — no lar ou em qualquer outro lugar — pode mudar isso. É quem eles são.

Assim, eles usam uma máscara de normalidade, não em seu benefício, mas para proteger aqueles com quem se importam; o rosto na máscara é a pessoa que os demais querem que eles sejam. Eles sabem que não estão sendo eles mesmos — eles só conseguem ser 100% naturais quando estão conectados ao seu lado obscuro —, mas fazem o que precisam fazer para, no fim das contas, fazer o que querem.

E, assim que podem, voltam ao seu "eu" natural. Eles não fazem distinção entre as diferentes partes de sua vida, e o modo como trabalham é como vivem: de modo intenso, competitivo, motivado. Não existe uma maneira de ser implacável e adotar outro método. Podemos controlar essa intensidade quando queremos breve e apropriadamente? É claro. Mas dificilmente queremos fazer isso. Como só pensamos em vencer, queremos permanecer na zona de concentração, onde é escuro e tranquilo e onde podemos ficar sozinhos com nossos pensamentos.

E quando precisamos, usamos a máscara.

Não sei se existe um melhor exemplo disso do que Tiger Woods, cujo lado obscuro, que agora se tornou bastante conhecido, levou-o a se envolver com cerca de doze mulheres, embora fosse casado. É claro que essa quantidade de mulheres seria pouco para alguns atletas profissionais, mas Tiger usou tão bem a máscara, ocultando seu lado obscuro, que as pessoas ficaram chocadas com a revelação de que Jekyll estava sorrindo para as câmeras e fazendo comerciais e Hyde estava cuidando de todo o restante.

Se quiser ver alguém concentrado, assista a um vídeo de Tiger antes do escândalo; ele entrava em campo como se este tivesse sido feito para ele, e se alguém entrasse em seu caminho, que Deus o ajudasse! Todos os especialistas amavam falar sobre a resiliência mental dele, de como seu pai o treinou por intencionalmente deixar tacos caírem e mover o carrinho durante seu *backswing*, de como a sua mãe o ensinou a ir e "matá-los arrancando o coração". Os analistas diziam que ele foi criado para ser concentrado.

Então o escândalo se tornou público, e, de repente, ficou muito claro o que havia ajudado Tiger a se concentrar.

Quando a história foi publicada — um artigo apimentado e doloroso na época —, sua carreira começou a se deteriorar de todos os modos possíveis. Com todos vigiando, criticando e analisando cada detalhe de sua vida privada, seu lado obscuro evaporou; esse tipo de energia simplesmente não consegue sobreviver à luz. Ela perde totalmente seu poder, a menos que estejamos dispostos a nos levantar e dizer "Fiz mesmo, e daí?" e continuar fazendo o que estávamos fazendo.

É assim que mantemos nosso lado obscuro.

Mas a situação de Tiger piorou por causa da pressão que sentia para fazer um pedido público de desculpas, porque, vamos admitir, quando se ganha centenas de milhões de dólares com base em sua imagem de marido e pai certinho, é melhor que seu lado obscuro permaneça na escuridão.

Devo ser honesto. Como alguém que já há muito tempo conhecia e gostava do Tiger, eu não queria vê-lo se desculpando. Queria que ele não dissesse nada ao público e simplesmente aparecesse pronto para lutar no dia seguinte.

Como meu amigo e cliente Charles Barkley, que jogou um cara através de uma vidraça de um clube noturno em Orlando depois que o cretino atirou gelo nele. Não podemos jogar gelo — ou o que for — em Charles e esperar sair ilesos. Depois que a juíza retirou as queixas, ela perguntou a Charles se havia aprendido alguma coisa com essa experiência. Ele respondeu: "Sim. Eu não deveria tê-lo jogado de uma janela do primeiro andar. Deveria tê-lo arrastado até o terceiro andar e terminado o serviço de lá."

Nada de desculpas.

Eu gostaria de ter visto o Tiger lidar com sua situação com esse tipo de confiança. Ele havia construído essa reputação intimidadora de ser um matador no campo de golfe; não gostaria de vê-lo andar com a cabeça baixa. Ele não havia matado ninguém. Ele havia traído sua esposa; isso era entre ele e sua família. Preocupado em perder a aprovação? Vença algo, e todos eles voltam correndo. Eu queria vê-lo sair e mostrar que ainda estava no comando de quem era, que ainda era um matador, elevando o nível do jogo ainda mais para mostrar que era o cara. Não existe uma maneira melhor de intimidar a concorrência: *Passei por tudo isso e estou jogando melhor? Vocês não têm a menor chance, seus otários.*

Essa é a parte que destaca quão profundo esse impulso competitivo pode ser: parece que havia uma competição não declarada entre outros atletas e celebridades de alto nível para ver quem poderia superá-lo e *não* ser pego. "Como *diabos* conseguiram pegá-lo?", imaginavam. "Eu *nunca* serei pego!" E, se fossem pegos, o objetivo do jogo seria provar que ainda conseguiriam jogar no mesmo nível e não cometer erros, diferentemente de Tiger, que não jogou mais como antes. Outro desafio a vencer, algo novo a dominar.

Veja isso. Eu controlo tudo. Nada me controla.

Estou com tudo.

Alguns anos atrás, fiquei sabendo de um jogador que decidiu desafiar sua habilidade de jogar após tomar algumas cervejas. Ele tomava três latinhas, voltava para a quadra e dizia para o cara na frente dele: "Tomei três cervejas e ainda vou acabar com você." E ele acabava mesmo. Por fim, esse desafio ficou chato. Durante a temporada, ele convenceu alguns dos membros de seu time a participarem do jogo, para testar quem conseguia beber mais cervejas no intervalo e ainda ser o melhor jogador. No primeiro dia, eles tomaram duas cervejas; no outro, três; depois, quatro... e foram aumentando a quantidade, até que dois deles praticamente se sentaram no banco do time errado. Por fim, o único sobrevivente (aquele que havia começado o jogo) pôde dizer: "Ah! Ganhei de vocês!"

Essa foi uma competição ridícula, e não a aprovo de maneira alguma, mas como saberemos do que somos realmente capazes se não testamos nossas habilidades de todos os modos possíveis?

É isso o que o lado obscuro faz: ele desliga as leis do certo e do errado e nos permite descobrir do que realmente somos feitos, do que somos capazes.

Eu trabalhei com um cara que acho que bebia demais, então lhe perguntei diretamente se ele tinha um problema com o qual precisávamos lidar. Ele passou a ter um novo desafio. "Isso não é um problema", resmungou. "Veja só: não vou beber por um mês." E ele não bebeu por um mês. Desafio concluído.

Veja bem, eu não ligo se você bebe. Vá em frente. Não tenho problemas com atletas que buscam maneiras de relaxar. Eles não são diferentes de ninguém no trabalho. Você precisa lidar com o estresse? Eu entendo. Conheci jogadores que tomavam uma dose do que fosse necessário para ajudá-los a relaxar antes de um jogo. Se os fizesse desistir, eu me culparia mais tarde por interferir naquilo que funciona para eles. Então, se tomar uma dose é o que faz o seu lado negro se manifestar e o ajuda a se concentrar, vá em frente e faça o que precisa fazer.

Contanto que permaneça no controle.

Lei do Limpador: controle seu lado obscuro; não deixe que ele o controle. Quer ou precisa fumar? Toda aquela vida noturna — você sabe quando é hora de ir para casa ou ela está acabando com o seu jogo? Você bebe porque gosta ou porque precisa lidar com a pressão que está sentindo? Será que podemos ter um desempenho decente em nossa área se temos um problema com álcool? Talvez. Mas não seremos ótimos nela. Os Limpadores nunca operam sob a influência de nada; eles dão muito valor à sua condição mental para permitirem que algo afete sua mente, seu instinto e os seus reflexos. Quem está no comando? Você ou o seu lado obscuro?

Conheci um cara que era viciado em mulheres e que prometeu que pararia de vadiar por um ano. Ele não era um atleta que vivia uma vida de celebridade. Era um empresário respeitado que tinha tudo a perder e não se importava. Ele se comportou durante todo o ano. Estava deprimido, mas determinado a provar que conseguia se controlar e achou que isso poderia melhorar sua vida em casa (porque os Limpadores precisam dessa estabilidade). Infelizmente, os danos em seu lar já haviam sido feitos, assim como em seu casamento. No fim do ano, seus colegas riram e disseram: "Você desperdiçou um ano inteiro." Mas ele precisava saber se estava controlando o seu lado obscuro ou se era controlado por ele.

Quando relatos de seu lado obscuro se tornaram públicos, todo o mundo começou a julgar e pensar: "Ele podia ter se controlado. Fracote." Mas não são os Limpadores que estão dizendo isso. Entenda o seguinte: um Limpador não *quer* deixar de fazer o que os outros desaprovam. Para eles, não é uma fraqueza; é a sua força, a sua escolha. Fraqueza seria deixar de fazer o que desejam por estarem com medo de serem pegos.

Um Limpador conquista seu *alter ego*, o seu Sr. Hyde. Ele não o cega; ele vai e consegue o que quer. Em certo ponto da vida, algo o desafiou e fez com que ele sobrevivesse, e o resultado foi sua total confiança de que, independentemente do que acontecesse com ele, seus instintos cuidariam dele e tudo ficaria bem. E, de alguma forma, está. O desejo de controlar tudo e todos é tão poderoso e a confiança em seus instintos é tão forte, que ele sabe que não pode perder.

Seja honesto: você seria tão bem-sucedido se seguisse todas as regras, sempre se comportasse e nunca se arriscasse? Não, seria como todos os outros, com medo de fracassar e querendo agradar a todos.

A maioria das pessoas não consegue nem começar a entender a maquiagem psicológica de um indivíduo que é o melhor do mundo no que faz e o que ele precisou fazer para chegar aonde está. Não podemos comparar nossos valores, rituais e nossa perspectiva com os dele. Não podemos. Não é que a mentalidade dele seja melhor ou pior do que a nossa; ela é apenas singular.

Mas o ponto é que ele não liga para o que pensamos sobre ele, seu lado obscuro ou qualquer outra coisa, porque a única pressão que sente é a que ele exerce sobre si mesmo, e, conforme veremos, isso nunca é demais.

Nº1. Os Limpadores...

... não são intimidados pela pressão, mas prosperam por causa dela.

Um Esfriador nunca se coloca em uma situação na qual precise ser "clutch".

Um Fechador é "clutch" em situações de alta pressão.

Um Limpador é sempre "clutch".

Vamos deixar uma coisa bem clara logo de início:

Não existe isso que os norte-americanos chamam de "gene de clutch".

Ou, se existir, não deveria ser algo que desejamos obter.

Quando se ouve essa expressão? Quando um cara está sob pressão, ele toma a iniciativa no último minuto e faz um milagre.

Todo mundo começa a falar sobre como ele é "clutch", e nos dias seguintes há uma grande discussão sobre esse suposto gene de clutch — o que quer que isso seja, pois ainda não sei — e sobre

TIM S. GROVER

quem tem ou não esse gene, como podemos identificá-lo, e assim por diante — tudo baseado em uma falsa premissa.

Não existe nenhum gene de clutch.

É nosso instinto predatório que nos diz para atacar e terminar a luta, e existe uma preparação para saber como e quando fazer isso.

Preparação + oportunidade. É isso.

Se somos verdadeiros competidores, sempre sentiremos a pressão de atacar e conquistar. Prosperamos por meio dela. Intencionalmente, criamos situações para aumentar a pressão ainda mais, nos desafiando para provar do que somos capazes. Não esperamos pelo momento crítico para usar um suposto "gene" para exibir nossa grandeza. Nós a exibimos em tudo o que fazemos, em cada oportunidade que temos.

Os Fechadores são chamados assim por um motivo: eles aparecem no fim. Apresentam um bom desempenho sob pressão porque tomam a iniciativa quando algo está errado.

No caso dos Limpadores, todos os momentos são de pressão, e tudo está sempre errado.

Honestamente, se eu fosse você, me sentiria ofendido se alguém dissesse que tenho o gene de clutch. Não é um elogio quando as pessoas dizem que precisamos tomar a iniciativa em grandes jogos. Onde estávamos em todos os outros? Por que não somos estáveis, agressivos e eficazes o tempo todo?

Veja bem, eu sei qual é o impacto do cara que acerta o arremesso decisivo, que faz o *walk-off home run* ou que atravessa o campo e faz o *touchdown* vencedor faltando 2 segundos para acabar o tempo. Entendo a satisfação de ser o cara que consegue aquilo de que todos precisam e quando precisam. Entendo o drama, a emoção e a intensidade de ser bem-sucedido naquele momento e ir para casa como um herói.

Mas ser implacável significa trabalhar constantemente para obter esse resultado não só quando há algum drama envolvido. Ser clutch tem a ver com o último minuto. Ser implacável envolve todos os minutos.

Afinal, se estamos satisfeitos o suficiente para esperar até aquele último minuto, estaremos tranquilos demais durante o restante do tempo, levando tudo na boa, sendo levados pela maré até nossa zona de conforto. Várias pessoas não fazem o último arremesso não porque estão com medo de errar, mas porque, se fizerem isso, precisarão *continuar* fazendo. Veja o caso de Jeremy Lin: ele surgiu do nada para jogar em um nível altíssimo com o Knicks, e todos esperavam que ele continuasse nesse nível, o que não aconteceria. Quando começamos no alto, temos muito mais espaço para cair e atingimos o chão com muito mais força dessa altura. Para muitos caras, é mais fácil permanecer na zona de conforto, perto do chão. Expectativas mínimas, pressão mínima... recompensas mínimas. Mas estamos seguros ali.

Os Limpadores desejam a altura, junto com a pressão de permanecer no alto e subir cada vez mais. Assim que começam a relaxar, nem que seja apenas por um momento, eles sentem instantaneamente que estão fazendo corpo mole. Se somos Limpadores, estamos familiarizados com essa intensa sensação de precisar controlar algo, de atacar alguma coisa naquele exato momento. Nunca chegamos no final de um dia pensando "Que relaxante!" Para um Limpador, relaxar é algo que as pessoas mais fracas fazem porque não aguentam a pressão. Coloque-o em uma situação em que deva relaxar — como as férias que não queria tirar ou o dia em que não precisa fazer exercícios —, e ele acabará mais

TIM S. GROVER

estressado, pensando no que deveria estar fazendo. Ele preferiria lidar com um desafio a se esforçar para "descontrair". Ele gosta da "contração".

Quando um Limpador quer aliviar a pressão à qual se submete, ele recorre ao seu lado obscuro. Outra coisa para controlar, um remendo temporário para manter a pressão, mas que lhe permite mudar o foco da pressão para outro vício por um tempo. Em vez de trabalhar, recorre ao sexo. Em vez de competir, pega uma garrafa de bebida. Em vez de se preocupar com as finanças, vai para a academia para se preocupar com o corpo. Tudo ainda gira em torno de pressão, desempenho e de aumentar as fronteiras de sua zona de conforto cada vez mais, apenas para testar seus limites — supondo que haja algum.

Um Limpador controla a pressão que sente e nunca pede a outra pessoa que o ajude a controlá-la. É por isso que acho que LeBron é um Fechador, não um Limpador. Quando nada nos é dado de bandeja — como no caso de Dwyane, que frequentou uma escola e faculdade pequenas —, precisamos nos colocar à prova todos os dias, continuamente; a pressão interna para nos estabelecermos como os melhores é constante. Mas quando entramos em um cômodo e todos ali nos dizem que somos os melhores, fica mais fácil acreditar nisso. LeBron sempre esteve em um pedestal, desde o ensino médio. Ele já havia assinado contratos para anunciar tênis e aparecer em outdoors muito antes de ter feito algo realmente significativo, além de abalar toda a liga com o caso da Decisão. Pessoas que nunca haviam assistido a uma partida de basquete na vida estavam perguntando em que time LeBron jogaria. Certamente havia muita pressão envolvida. Porém, quando nos lembramos de que ele estava indo jogar com outros dois jogadores de elite — Dwyane e Chris Bosh — e estava rodeado por uma equipe extraordinária de jogadores, percebemos que tinha bastante espaço para espalhar a pressão.

IMPLACÁVEL

Quer fazer comparações? Pense no reinado de Kobe em LA, nos anos de Michael com os Bulls, em Dwyane antes dos Três Grandes e até em Derrick Rose em Chicago: esses foram os caras que, em determinada ocasião, deram uma olhada no restante da liga e pensaram: "Não quero me juntar a vocês; quero *derrotá-los*." Quando surge um recém-chegado, eles estão pensando a mesma coisa: "Vocês podem se juntar a mim, mas não me juntarei a vocês." Quando Dwight Howard e Steve Nash entraram nos Lakers, antes da temporada de 2012–2013, todos os olhos estavam voltados à dinâmica entre Kobe e os novos membros de sua equipe. Será que eles dividiriam o estrelato? Kobe estava transferindo o papel de líder? Os novos membros do Lakers receberiam mais atenção do que os originais?

Kobe acabou com a fofoca imediatamente quando disse aos repórteres: "Não quero entrar nessa de 'Bem, vamos dividir'. Não. O time é meu!"

Estou com tudo.

Entendo o desejo dos grandes jogadores de jogar ao lado de outros grandes jogadores, mas essa oportunidade deve ser usada para aumentar a pressão, não diminuí-la. Esse tipo de parceria deve ser estabelecida para nos tornarmos ainda mais competitivos e intensos, não para dividirmos a pressão e assumirmos menos responsabilidades.

Quando LeBron finalmente ganhou um anel, todos estavam dizendo: "A pressão finalmente acabou." Está de brincadeira?! A pressão quadruplicou. Agora era preciso começar tudo novamente para fazer o mesmo no ano seguinte. Qualquer pessoa que se satisfaça com um anel e não sente a pressão para ganhar outro precisa se aposentar imediatamente.

Sempre achei que, quando Michael falava alguma coisa para provocar o adversário, ele não tinha o outro cara em mente; essa

TIM S. GROVER

era apenas outra forma de aumentar a pressão que ele exercia sobre si mesmo, porque, quando dizemos aos outros quanto acabaremos com eles, precisamos cumprir essa promessa.

Eu digo o seguinte aos meus jogadores: "Pressão, pressão, pressão." A maioria das pessoas corre do estresse. Eu corro em direção a ele. O estresse nos mantêm afiados, nos desafia de modos que nunca imaginamos antes e nos obriga a resolver problemas e a administrar situações que fazem outras pessoas se esconderem atrás da saia da mamãe. Não podemos ser bem-sucedidos sem o estresse. Nosso nível de sucesso será definido por quão bem o aceitamos e o administramos.

Precisamos administrá-lo bem; afinal, nossos oponentes estão apenas esperando para encontrar nossos pontos fracos, e quando os exibirmos, eles atacarão. Exatamente o que se deve fazer quando alguém exibe um ponto fraco.

Durante as Finais de 2012 da NBA, Serge Ibaka, do Oklahoma City, decidiu testar quão bem LeBron estava administrando a pressão que estava sentindo ao conduzir o Heat a um campeonato. A estabilidade mental de LeBron já estava sendo questionada havia um bom tempo; quando estava sob muito estresse, ele começava a roer as unhas e a morder os dedos. Quando o vi fazer isso durante a série do campeonato, olhei para Stephen A. Smith, da ESPN, e disse: "Ele acabou de fazer o *check-out*." Assim que ele começa a fazer isso, já era. Dessa vez, para a felicidade do Heat, ele conseguiu se controlar. No passado, já o vi na linha de lances livres, na arena do seu time, diante dos fãs, gesticulando para pedir que eles fizessem silêncio, como se estivessem fazendo barulho demais, distraindo-o. É assim que sabemos que as emoções assumiram o controle.

Então, Ibaka se agarra a essa emoção e diz à mídia, antes do Jogo Quatro, que LeBron não consegue defender Kevin Durant sozinho. Obviamente, isso fez com que a mídia ficasse louca para obter uma resposta de LeBron, que disse que não faria comentários, mas que acabou comentando bastante.

Pensando bem, essa é a atitude de um Fechador, permitindo que isso se tornasse uma distração, sentindo a pressão de provar alguma coisa. Um Limpador não precisa responder à pressão externa. Ele exerce pressão no cara que está tentando desequilibrá-lo por se recusar a responder. Lembre-se: não precisamos competir com ninguém. Fazemos com que os outros compitam conosco. Podemos controlar a pressão que exercemos sobre nós mesmos; o que não podemos controlar é a pressão que os outros exercerão sobre nós. Assim, devemos nos concentrar apenas na pressão interna que nos motiva. Agarre-se a ela, aceite-a, sinta-a; assim, ninguém poderá exercer mais pressão sobre você além daquela você já exerce.

Por exemplo, durante a temporada de 2010, os Lakers estavam jogando em Orlando, e Matt Barnes estava jogando no Magic. Durante todo o jogo, Barnes fez todo o possível para antagonizar Kobe, incluindo fingir que jogaria a bola na cara dele, talvez alguns centímetros abaixo do nariz. Kobe não reagiu; sequer piscou. Nem uma vez. Após o jogo, os repórteres lhe perguntaram como ele conseguiu deixar de responder. A sua resposta? "Por que deveria?"

Não quero ouvir ninguém dizendo que não "aguenta a pressão". Todos podem aguentar a pressão. A maioria das pessoas escolhe fazer isso porque é mais fácil permanecer seguro dentro da zona de conforto. Mas se queremos ser bem-sucedidos, para conquistar nosso lugar ao sol, precisaremos sair da sombra. Isso não é fácil; a sombra é fria e confortável em comparação com o quente e desconfortável lugar ao sol. Mas não poderemos ser implacáveis nem sem limites se não sentirmos desconforto e se só lidarmos com a pressão quando não tivermos escolha.

A pressão pode estourar canos, mas também ajuda a formar diamantes. Se tivermos uma visão negativa, ela pode nos esmagar; no momento, seu modo de pensar é: "Não consigo fazer isso." Mas a visão positiva é que a pressão é um desafio que nos define; ela nos dá a oportunidade de ver quanto aguentamos, com quanta força podemos avançar. Todos querem eliminar o estresse porque "o estresse mata". Acho isso uma besteira. O estresse é o que faz com que nos sintamos vivos. Ele nos motiva a trabalhar mais. Use-o, não fuja dele. Se o estresse faz com que nos sintamos desconfortáveis, e daí? O resultado vale a pena. Aguente o desconforto; você sobreviverá. Depois vai querer mais.

É claro que precisamos reconhecer a diferença entre o estresse que traz ótimos resultados e o estresse que criamos e que só resulta em caos. Mostrar-se despreparado, não contribuir com o trabalho, ignorar compromissos e obrigações... é isso que gera o estresse inútil. Temos a opção de lidar com essas coisas antes de se transformarem em situações negativas. Mas quando nos deparamos com o estresse que surge diante de grandes desafios — montar uma equipe, trabalhar com o objetivo de pedir um aumento, finalizar um serviço, vencer um campeonato —, tesouros inestimáveis estarão esperando por nós por trás de toda essa pressão. Nem todos têm a oportunidade de ficar estressado por causa do potencial de realizar coisas excepcionais.

Mas precisamos nos certificar de que essa pressão continue operante o tempo todo, não apenas quando precisamos acelerar um pouco as coisas. No meu negócio, começo a ver os caras escorregando em março, quando começam a pensar nas eliminatórias. Eles passam a pagar um preço pela constante pressão; o cansaço mental e físico começa a se manifestar. Ficam preguiçosos durante o treino, param de colocar aquele esforço extra no trabalho, e, inevitavelmente, isso começa a afetar todo o seu jogo. E então eles acertam a parede.

O que me mata é que os caras que desistem primeiro não são os líderes, os quais carregam toda a pressão; são os outros caras que não conseguem se comprometer durante toda a temporada. Os líderes não podem se dar ao luxo de abandonar tudo. É uma coisa quando jogamos um esporte individual — se abandonamos tudo, estaremos abandonando apenas a nós mesmos. No caso de um esporte de equipe, várias outras pessoas dependem de nós, e sabemos que, todos os dias, há sempre alguém mentalmente tirando o dia de folga e que precisaremos dar conta de nosso trabalho e também do dele. Mas não sabemos quem será essa pessoa — quem comparecerá ao jogo, quem, de fato, não comparecerá — até que estejamos diante dessa situação. Então, sentiremos ainda mais pressão para descobrir o que teremos à nossa disposição para trabalhar.

Eventualmente, até os líderes começam a relaxar.

Quando isso acontece, eu me sento com os jogadores e lhes digo: "Adivinhem só! O time nem está nas eliminatórias ainda. Acordem! Lembrem-se do que vocês ganharão se chegarem às eliminatórias e continuarem nela: um anel e toda a glória que vem com ele. E isso é o que vocês ganharão se não chegarem às eliminatórias: vocês irão para casa.

"Tiveram uma ótima temporada? E daí? Aqueles caras também tiveram ótimas temporadas, mas ainda estão jogando; vocês não. Não basta chegar ao topo. Vocês precisam permanecer lá. Sintam essa pressão e lutem para permanecer lá. Vocês precisam lutar para isso. Não é um direito adquirido."

É assim que sabemos que a carreira dos grandes terminou: eles não querem mais continuar lutando. Eles já sabem o que realizaram e escolhem parar de aumentar a pressão. Isso é sempre uma escolha, totalmente sob seu controle. Vi isso em Michael quando ele foi jogar em Washington; o aspecto psicológico de ser Michael Jordan, o que ele representava para tantas pessoas ao redor do mundo, desejando essa pressão e transformando-a em diamantes todos os dias, todos os anos, constantemente tentando ser melhor do que os melhores, mesmo quando já se é o melhor... eventualmente, ele precisa dizer: "Chega. É essa pessoa que serei de agora em diante." O fogo ainda estava lá, mas não havia mais aquele desejo de aumentar cada vez mais a temperatura. E ele ainda era o único jogador acima dos 40 anos a marcar mais de 50 pontos em um jogo. Até então, ele ainda fazia algo para emocionar a multidão. Esse era seu modo de dizer "Não é só porque não faço que não consigo fazer", deixando o oponente seguinte saber que ele ainda lhe daria trabalho. Ele ainda queria a pressão, ainda se divertia buscando novas maneiras de acabar com o oponente. Não tenho dúvidas de que ainda poderia continuar jogando.

Quando lidamos com o estresse o tempo todo, ele se torna algo natural. Ainda não é fácil lidar com ele e ainda precisamos fazer esforços, mas cuidamos de tudo sem entrar em pânico porque temos experiência em aceitar as dificuldades dos desafios complexos. Se nunca precisamos lidar com nada mais difícil do que nossa rotina diária, quando nos afastamos de qualquer coisa que abala nosso senso de segurança e controle, provavelmente cederemos ao menor indício de pressão.

Os Limpadores nunca sentem a pressão externa; eles apenas acreditam no que há dentro deles. Podemos criticar, analisar e pintar os Limpadores como se fossem o demônio, mas eles ainda sentirão apenas a pressão interna. Eles sabem o que estão fazendo certo e errado. Não ligam para o que pensamos. Saem de sua zona de conforto e se desafiam a alcançar o próximo nível.

Tudo se resume à confiança. Quando somos desafiados, exercemos pressão ou deixamos que os outros nos coloquem contra a parede? Sentimo-nos presos como um rato ou atacamos primeiro? Recuamos, com medo de lutar, ou fazemos o oponente rolar na lama conosco? As feridas curam, mas as cicatrizes não; elas são nossas medalhas de combate. Nos dias de MJ, diríamos: "Vá ganhar algumas." Vá se sujar.

N⁰1. Os Limpadores...

... quando todos estão apertando o botão de emergência, significa que estão pedindo ajuda aos Limpadores.

Um Esfriador espera alguém lhe dizer qual é o plano.

Um Fechador trabalha no plano, estuda-o, memoriza-o e sabe exatamente o que precisa fazer.

Um Limpador não quer um plano específico; ele quer que todas as opções estejam disponíveis para ele o tempo todo.

Em toda temporada, é certo que no primeiro dia do *training camp* de outubro, meu telefone não parará de tocar e ficará cheio de mensagens de jogadores que passaram o verão inteiro ao estilo NBA e que, de repente, se deram conta: "Droga! Esqueci de me preparar para jogar." Ou então recebo ligações dos agentes ou dos gerentes-gerais em pânico porque se deram conta de que seu astro principal não treinou durante todo o verão e agora precisará descobrir o que fazer na hora.

Em caso de emergência, quebre o vidro. Quando recebo as ligações dessas pessoas, sei que muitos outros tentaram obter o controle e fracassaram e que agora ficaram sem respostas e opções. Se você é um Limpador, já sabe do que estou falando: os demais querem cuidar da situação sozinhos, e quando descobrem que não conseguem, recorrem a você. Na maioria dos casos, os Limpadores sabem que isso acontecerá. Eles apenas observam e aguardam. Agora todos os observam e analisam como eles lidarão com uma situação que parecia incontrolável. E é bom que resolvam o problema rápido.

Quando fui a Miami para ajudar Dwyane durante as finais de 2012, eu já sabia de duas coisas: eu estava prestes a me envolver em uma situação problemática e deveria fazer o que mais ninguém havia conseguido. A principal preocupação de Dwyane era se eu conseguiria ajudá-lo com seu joelho lesionado em tão pouco tempo ou se já era tarde demais para fazer algo no restante das eliminatórias; o Heat já estava indo para o Jogo Três. Fui honesto com ele: "É isso o que posso e não posso fazer. Você precisará fazer uma cirurgia no joelho após essa temporada. Se procurou minha ajuda para evitar fazer a cirurgia, isso não acontecerá. Mas será que eu consigo ajudá-lo a aguentar mais sete jogos? Com certeza. Você se sentirá melhor? Sim, com certeza."

Tenho 100% de certeza de que, se alguém me apresentar um problema, acabarei exercendo um impacto positivo sobre ele. Não existe a menor possibilidade de eu deixar de comparecer, de me preparar e não ter algo a oferecer. Se a pessoa estiver disposta a ouvir minhas perguntas, a me dizer o que preciso saber e a fazer o que digo, ela terá alguma melhora.

Se isso lhe parece arrogante, tudo bem. Tenho confiança no que faço porque sei que, o que quer que aconteça, simplesmente me ajustarei e seguirei em frente. Nem tudo funciona direitinho da primeira vez, e às vezes nada funciona. Mas existe uma diferença entre se ter confiança e ser convencido: "ter confiança" significa reconhecer que algo não está funcionando e ter flexibilidade e conhecimento para fazer ajustes; "ser convencido" é a inabilidade de admitir quando algo não está funcionando e repetir os mesmos erros vez após vez por ser teimoso demais para admitir que está errado.

Quando converso com a equipe de treinamento de um time sobre um de meus clientes, eu lhes digo tudo o que tenho feito e o que eles precisam fazer para manter nosso jogador saudável. Em certo momento, provavelmente alguém dirá: "Beleza. Isso parece ótimo, mas não é isso o que fazemos aqui." Ao que eu respondo: "Bem, se vocês *fizessem* isso, eu não precisaria estar aqui. Mas como *estou* aqui, agora vocês precisarão se adaptar ao que estou lhes dizendo que funciona para ele."

Meu trabalho não é diferente daquele do solucionador de problemas corporativo, que chega para resolver algum problema empresarial, ou de um gerente-geral, que é contratado para montar um time vencedor. Quando o que fazemos não está funcionando, é melhor encontrar alguém que faça funcionar. E deixá-lo trabalhar.

Esse é o trabalho do Limpador.

Nem todos querem esse trabalho. Ele nos expõe a todo tipo de crítica e análise. Mas nem sequer passou pela minha cabeça que, se o joelho de Dwyane piorasse ou se ele tivesse alguns jogos ruins, isso seria refletido sobre mim e que as pessoas diriam: "Grover não conseguiu resolver." Não penso assim. Com toda certeza, teria sido mais fácil ficar onde eu estava, trabalhando com Kobe em Los Angeles, me preparando para as Olimpíadas. Eu poderia simplesmente ter dado alguns conselhos a Dwyane e lhe dito que nos veríamos no verão. Eu havia trabalhado de perto com ele durante duas temporadas; então, basicamente, tinha três horas para analisar seus últimos dois anos e me preparar para os próximos cinco dias antes de sequer pensar nas duas temporadas seguintes. Mas quando vejo um desafio que fez todos os demais fracassarem, fico determinado a resolvê-lo.

Como a série havia acabado, Dwyane estava segurando o troféu, e isso é algo que palavras não conseguem descrever. Precisamos nos arriscar para experimentar essa glória.

Um Esfriador não se arrisca.

Um Fechador se arrisca quando pode se preparar de antemão e quando sabe que as consequências de fracassar são mínimas.

Nada é arriscado demais para um Limpador; independentemente do que aconteça, ele saberá o que fazer.

Imagine uma operação militar com uma estratégia tática específica: entrar no prédio, certificar-se de que ele esteja vazio, entrar pela porta vermelha e entrar no caminhão que está nos fundos antes de o prédio explodir. Fazemos o que nos foi ordenado e tudo está indo de acordo com o plano... até que chegamos à porta vermelha. Trancada. Não há outra saída. E agora? Pânico? Os dez segundos que desperdiçamos sentindo pânico podem ser os nossos últimos. Um Fechador sentiria medo primeiro e, depois, procuraria por opções. Mas um Limpador sentiria seus instintos de sobrevivência entrando em ação, dando-lhe várias opções, sabendo que apenas uma delas funcionará, porque ele já analisou as variáveis antes de entrar no prédio. (Um Esfriador nem sequer receberia esse tipo de missão, então não falaremos dele aqui.)

Se somos Limpadores, sabemos que sensação é essa, e já estivemos nesse tipo de situação em que todos os demais estão perdendo a cabeça e apenas nós sabemos o que fazer. Nem sequer sabemos *como* sabemos, mas sabemos. Não estou falando de improvisar à medida que os eventos se desenrolam. Estou falando de estarmos tão bem preparados, com diversas opções e experiência, que estamos prontos para o que der e vier.

Algumas pessoas têm certeza de que se sairão bem, independentemente do que aconteça. Outras travam assim que as coisas dão errado. Vemos isso nos esportes o tempo todo: um patinador artístico cai, um atacante faz um passe errado, um lançador entrega um *grand slam*. Tudo o que acontece desse momento em diante depende de duas opções: o atleta se recompõe imediatamente e volta a jogar em um nível insanamente alto, ou tudo fica pior para ele desse ponto em diante.

Por quê? Eles têm o mesmo talento e fizeram os mesmos exercícios mil vezes. Por que alguns conseguem se adaptar a uma reviravolta enquanto outros desmoronam por completo?

Esse não é apenas um fenômeno esportivo; podemos olhar ao nosso redor e veremos pessoas que conseguem lidar com qualquer coisa e outras que não conseguem lidar com nada. O que as torna diferentes?

São poucas as pessoas que têm a habilidade de se adaptar quando algo dá errado e fazer ajustes rápidos para que as coisas deem certo. Podemos nos planejar e nos preparar para dez situações diferentes, estarmos totalmente prontos para todas as variáveis que antecipamos... e, ainda assim, podemos estar certos de que haverá um 11º cenário que nem sequer havíamos cogitado. A maioria das pessoas está pronta para um cenário. Elas não conseguem pensar em dez. Ficam paralisadas com todas essas possíveis variáveis, e quando algo dá errado, não conseguem se ajustar.

Podemos praticar o mesmo arremesso várias vezes até conseguirmos arremessar de olhos vendados. Ótimo! Agora, será que conseguimos fazer o mesmo arremesso enquanto alguém nos acerta com um saco de areia? Conseguimos nos concentrar se uma música horrível começar a tocar ou se alguém gritar conosco? Quando sempre seguimos o plano, ficamos robóticos e perdemos aquela habilidade natural de saber o que fazer quando o plano muda de repente, quando nos deparamos com o inesperado. Mas um Limpador pode pegar esse mesmo plano, e quando algo dá errado, seus instintos assumem imediatamente o controle, e ele se adapta. Ele não reflete sobre isso. Ninguém precisa lhe dizer nada. Ele simplesmente sabe.

Essa é a marca registrada de um competidor perigoso: ele não precisa saber o que vem pela frente porque já está pronto para o que der e vier. Ele não tem medo do fracasso.

Não se trata do mito do "pensamento positivo"; trata-se de trabalho duro e preparação para estarmos a par de tudo o que precisamos saber, de deixar nossos medos e nossas inseguranças para trás e confiar em nossa habilidade de lidar com a situação.

Não estou dizendo que não podemos pensar no que precisamos fazer; porém, todo esse pensamento e planejamento devem ser feitos com antecedência, ao desenvolver nossos reflexos para termos certeza de que, quando estivermos contra a parede, saberemos qual é o movimento certo a fazer. Não conseguimos fazer isso quando estamos obcecados e preocupados até sermos reduzidos a uma bagunça emocional, incapazes de dormir ou de nos concentrar em outras coisas. Nós nos preparamos por saber que estamos prontos, com a próxima bala na agulha. Nunca precisaremos puxar o gatilho, mas temos que saber que a bala está pronta e disponível para quando precisarmos dela.

Quão rapidamente você consegue fazer ajustes se der o passo errado? Você consegue reconhecer o erro e se recompor? Precisamos estar dispostos a falhar se quisermos desenvolver a habilidade de confiar em nós mesmos para agir com base no instinto e nos adaptar. Essa é a confiança ou a arrogância que nos permite assumir riscos e saber que, independentemente do que aconteça, daremos um jeito. Estamos sempre nos adaptando.

Acho que não podemos entender o que é ser realmente implacável até nos depararmos com nossos maiores medos e ouvirmos aquela resposta interna nos dizendo o que fazer. Se pensarmos nos maiores eventos de nossa vida, provavelmente poderemos identificar as coisas que afetaram todo o restante e nos mostraram com o que conseguimos lidar.

Essa foi uma das maneiras que aprendi: minha família veio para os Estados Unidos quando eu tinha 4 anos, e meu pai foi trabalhar no subsolo de um hospital de Chicago, onde ele desmembrava cadáveres. Quando não havia aulas e meus pais estavam trabalhando, meu pai me levava com ele; eu tinha 5 anos quando vi meu pai desmontar um cadáver pela primeira vez. Quando tinha 6 anos, ele me deu uma serra de ossos e me disse para ajudá-lo. A sua lição para mim: é assim que um homem faz provisões para sua família.

Como a aprendi: damos um jeito.

Meus pais vieram da Índia e se mudaram para Londres depois de se casarem; eu nasci lá. Minha mãe era enfermeira, e meus pais decidiram que ela deveria ir para os Estados Unidos para trabalhar porque queriam dar uma vida melhor para mim e meu irmão. Durante um ano, ela morou sozinha em Chicago enquanto o restante de nós ficou para trás, até que ela e meu pai economizaram o suficiente para que todos nós pudéssemos estar juntos.

Quando chegamos em Chicago para nos reunirmos como família, meu pai entrou em um táxi no aeroporto, carregou todas as nossas malas e nossos bens, e fomos para a cidade. Mas alguns quilômetros antes de chegarmos ao nosso destino, ele mandou o taxista parar. Saímos, descarregamos todas as malas e começamos a andar — dois garotinhos, que não faziam a menor ideia do que estava acontecendo, e nosso pai, que estava fazendo isso tudo parecer uma grande aventura, vasculhando a cidade a pé. Mas a verdade era que ele não tinha mais dinheiro para continuar andando de táxi. Então pegamos as malas e caminhamos. Ele era um pai, sozinho com dois garotinhos e sem dinheiro no bolso, em um novo país.

"Dê um jeito", eu aprendi.

Até hoje, ele ainda tem aquela habilidade instintiva de saber que, o que quer que faça, dará tudo certo; e ele me passou essa habilidade. Um verdadeiro Limpador. Ele veio do nada, não pediu nada a ninguém e sabia como se virar.

Ser implacável significa ter coragem para dizer: "Farei isso, e se estiver errado, me adaptarei, e tudo dará certo." Não podemos antecipar ou controlar todos os obstáculos que podem surgir no nosso caminho. Podemos controlar apenas como vamos responder a eles, assim como a habilidade de navegar no imprevisível. O que quer que aconteça, temos inteligência e habilidades para dar um jeito e obter o resultado que queríamos originalmente.

Quando digo "dar um jeito", não estou me referindo a pensar sobre isso por uma semana e perguntar a todas as pessoas que conhecemos o que elas acham. Estou falando de agir imediata-

IMPLACÁVEL

mente, de modo instintivo, ouvindo nossa voz interior, que diz: "Por aqui!" E vamos.

É claro que não estaremos certos nem seremos bem-sucedidos 100% das vezes; o instinto não reconhece as nuances e os detalhes. Ele apenas brilha e possibilita que nossas habilidades assumam o comando. Assim, pode acontecer de confiarmos em nosso instinto e, ainda assim, tomarmos a decisão errada. Vemos isso acontecer em situações de jogos o tempo todo: um batedor dá uma tacada para acertar uma bola que lhe parece perfeita, mas ela acaba fazendo uma curva; um atacante antecipa o passe e pula para o lado. Um exemplo perfeito foi o Jogo Quatro das finais de 2012 da NBA. Faltavam 17 segundos para acabar o jogo e 5 segundos no cronômetro de posse de bola, e o Thunder estava perdendo por 3 pontos. Então Russell Westbrook intencionalmente cometeu uma falta contra Mario Chalmers, do Miami, não reconhecendo que essa era uma situação do tipo "Não cometa faltas!". Se tivesse pensado bem, ele não teria cometido essa falta. Mas seu instinto lhe disse para fazer isso. E precisamos levar em consideração que ele era jovem e nunca havia estado nessa situação antes; ele estava pensando nos 17 segundos para terminar o jogo, e não dos 5 segundos da posse de bola. Então Chalmers fez dois arremessos livres, colocando o Miami na liderança por 5 pontos; e o Thunder perdeu.

Westbrook deveria ter agido de maneira diferente? É claro. Mas essa ação nos diz que tipo de jogador ele é, e, no longo prazo, ele acabará colhendo mais benefícios do que prejuízos por causa disso. Afinal, se a alternativa for esperar e pensar, sendo tímidos demais para agir em virtude do medo, acabaremos fracassando do mesmo jeito. O grande jogador de hóquei (e Limpador) Wayne Gretzky disse: "Erramos 100% das tacadas que não damos."

TIM S. GROVER

Quer saber qual é o verdadeiro sinal de um Limpador? Ele não sente pressão quando faz alguma bobagem e não tem problema em admitir quando está errado e precisa assumir a culpa: quando um Esfriador comete um erro, ele nos dá muitas desculpas, mas nenhuma solução. Quando um Fechador comete um erro, ele encontra outra pessoa para culpar. Mas quando um Limpador comete um erro, ele pode nos olhar nos olhos e dizer: "Eu estraguei tudo."

E é isso. Confiante, simples, fatual, sem explicações. Você cometeu um erro? Beleza. Espere uma hora antes de explicá-lo para mim. A verdade pode ser transmitida em uma frase; não preciso de uma longa história. Diga-me que errou e assuma a responsabilidade... agora você ganhou minha confiança. Assim que começar a me dar motivos e a racionalizar, sei que está escondendo algo e que não está pronto para assumir a responsabilidade. Economize nosso tempo. Você estragou tudo. Diga isso. Não existe uma maneira mais rápida de aliviar a pressão. "Cara, eu estraguei tudo." Beleza. Não dá para voltar atrás. Você já assumiu a culpa. Agora conserte. Não podemos consertar nada a não ser que admitamos o erro.

As pessoas acham que admitir erros gera mais pressão porque, agora, elas serão culpadas de algo. Isso não é verdade. A habilidade de erguer as mãos e dizer "Sim, a culpa foi minha" é a melhor maneira de *eliminar* a pressão. Depois disso, restará apenas um objetivo: resolver o problema. Enquanto continuarmos negando nossa responsabilidade, teremos o fardo adicional de encobrir o erro, e sabemos que a verdade eventualmente virá à tona. Então por que prolongar o drama? Você estragou tudo; admita.

Os Limpadores dizem na nossa cara que cometeram um erro; eles estão totalmente dessensibilizados à crítica e à culpa e esperam que façamos o mesmo. Para nós, isso pode parecer um ataque; para eles, são dois caras resolvendo um problema. Seu nível de confiança é tão alto, que eles não têm problema em admitir que algo saiu errado. Eles sabem que podem corrigir o erro. Sem problemas.

Eu já cometi vários erros e cometerei muitos mais. Mas nunca penso neles como fracassos. Para mim, fracasso é quando envolvemos outras pessoas no problema, quando procuramos por uma saída, em vez de aceitar nossos erros e planejar uma rota para resolver o problema. Quando começamos a culpar os outros, admitimos que não temos controle sobre a situação. E sem esse controle, não podemos elaborar uma solução.

Existem ocasiões sobre as quais realmente não temos nenhum controle? Com certeza. Mas até esse ponto, temos a responsabilidade de descobrir como assumir o controle e seguir em frente. De outra forma, estaremos permitindo que pressões externas ditem o resultado. Exerça pressão sobre si mesmo para ser bem-sucedido; não permita que outros façam isso por você. Confie naquele sentimento de que você pode lidar com o que der e vier.

Ter confiança é conseguir rir de si mesmo e não levar todo imprevisto tão a sério. Por outro lado, quando alguém nos diz algo de que não gostamos ou não queremos ouvir e permitimos que isso exerça pressão sobre nós, nem que seja por um momento, temos um problema de confiança. Pessoas confiantes não ligam para o que os outros pensam; podemos encarar nossos erros com seriedade e, ainda assim, rir, porque sabemos que podemos e iremos consertá-los. Os Limpadores sempre confiam que corrigirão seus erros. Eles aceitam as consequências e seguem em frente.

Se eu passasse o dia todo trabalhando com um cara e ele jogasse mal, eu não o culparia pelo jogo ruim. Sei que todos os demais o estão culpando pelo jogo ruim, mas estaria imaginando se algo que fizemos na academia afetou seu arremesso. Esse é meu trabalho; a pressão está sobre mim para garantir que ele não tenha dois jogos ruins. Seria fácil dar de ombros — o que a maioria faz —, mas se queremos ser os melhores, não podemos nos dar ao luxo de dar de ombros diante do mau desempenho. Nós o encaramos, o consertamos e nos preparamos melhor para a próxima vez.

As pessoas me perguntam se fico nervoso durante os jogos. Eu fico nervoso quando meus jogadores fazem coisas estúpidas, jogadas imbecis ou estragam algo no qual vínhamos trabalhando. São momentos que me fazem pensar: "Está de sacanagem? Como conseguiu *fazer* isso?" Porque agora preciso me perguntar se talvez não fui eu que fiz algo errado, talvez deixando de explicar alguma coisa direito. Recentemente, eu disse a um de meus jogadores que ele precisava fazer um exame de vista. "Por quê?", ele perguntou. "Minha visão é perfeita." Eu respondi: "Cara, só faça o exame de vista, está bem? Você entregou tanto a bola este ano que quero saber se tem algum problema de visão para que possamos corrigi-lo. Isso é muito difícil? Vamos verificar. Se eu estiver errado, tudo bem. Talvez eu esteja errado. Vamos descobrir. Só me ajude a descobrir se não estou lhe ensinando direito ou se você não está enxergando direito."

Quando trabalho com Kobe, experimentamos várias coisas novas porque ele é tão dedicado aos seus exercícios, que temos tempo e espaço para experimentar novas ideias. Então, quando trabalhamos em algo novo e ele tem um jogo ruim, não o encaro, mas me pergunto o que ele fez de errado. Exerço pressão sobre mim mesmo para descobrir o que preciso fazer diferente para ajudá-lo. Preciso me perguntar se fizemos algo que tenha afetado seus arremessos. Talvez um dos exercícios esteja afetando seu movimento de certo modo... Preciso compensar tudo isso. Essa responsabilidade é minha, não dele.

Quando passei aqueles poucos dias com Dwyane durante as eliminatórias, fizemos muito em pouco tempo. Não tivemos a oportunidade de testar, de fato, como seu corpo reagiria. Vários de seus músculos haviam se "desligado" e agora estavam funcionando novamente. Em consequência disso, ele estava se movendo mais rápido, com mais graça e explosão. E quando trabalhamos em uma velocidade e, de repente, começamos a nos mover muito mais rápido, nosso ritmo melhora.

Mas nem sequer me dei conta de que precisava explicar isso a ele, até que ele começou a se mover no Jogo Três e imediatamente fez um passe errado, porque seu ritmo estava fora de sincronia. Então pensei: "Droga, eu me esqueci de dizer isso a ele." Percebi que 99,9% das pessoas que estavam assistindo não faziam ideia de que isso era um fator no jogo. Porém, essa era minha responsabilidade, e eu estraguei tudo. Minha culpa. Eu sei que isso não parece grande coisa, mas, para mim, era muito importante, porque eu havia me esquecido de algo de que não podia me esquecer. Sim, ele jogou bem e o Miami venceu, mas talvez ele pudesse ter jogado ainda melhor e eles pudessem ter vencido por uma vantagem maior.

Para mim, teria sido fácil não dizer nada, porque ele não fazia ideia do que havia acontecido; apenas sabia que tinha entregado a bola. Mas para mim não: quando estou errado, eu falo. O meu engano, o meu erro de cálculo; e eu lhe disse isso após o jogo. Essa é a pressão interna em ação, nos incomodando por algo que ninguém mais sequer percebeu e nos desafiando a fazer as coisas direito. Não porque precisamos, mas porque queremos.

Tenha confiança em assumir quando erra. As pessoas o respeitarão por isso.

TIM S. GROVER

Se errou, assuma. Se falou, confirme. Não apenas os erros, mas todas suas decisões e escolhas. Essa é a sua reputação. Faça valer. Se quisermos que nossas opiniões tenham valor, precisamos estar dispostos a dizê-las em voz alta e a agir de acordo. Duas coisas que não podemos deixar ninguém roubar de nós: a nossa reputação e nossas bolas. Isso significa aceitar a pressão e assumir a responsabilidade por tudo o que falamos e fazemos.

Maturidade, experiência e prática... quanto mais educados nos tornamos, mais aumentamos nossa habilidade de nos adaptarmos às situações, porque a experiência nos dá um entendimento melhor das nuances, dos pequenos detalhes nos quais ninguém mais presta atenção ou reconhece como importantes. Não estou falando em aceitar um único conjunto de regras, pegando o que uma pessoa pensa e transformando isso em algo seu; quero que você monte o próprio conjunto de aprendizados, usando o que você sabe e aquilo no que acredita, somando a isso o que os outros lhe ensinaram, combinando tudo o que já aprendeu e elaborando o próprio conjunto de crenças, de modo que nenhuma diretriz tenha sido estabelecida por outra pessoa, mas por você mesmo.

Quando somos jovens, temos apenas uma velocidade: rápido. À medida que crescemos, aprendemos a variar nossa velocidade com base na situação: sabemos quando ir devagar e quando ir a toda velocidade. Considere um exemplo que dou aos meus jogadores: dois touros estão no topo de uma colina — pai e filho — olhando para um grupo de vacas que está lá embaixo. O filho mal consegue esperar: "Vamos! Vamos! Precisamos correr para pegar algumas daquelas vacas!" O pai, sábia e vagarosamente, olha para ele e diz: "Não. Vamos andando e pegar *todas* as vacas." Instinto, não impulso.

As pessoas mais bem-sucedidas são aquelas que têm instinto para responder rapidamente a qualquer coisa sem precisar voltar para a lousa de planejamento, assistir a mais um filme, agendar uma reunião, agendar outra reunião para discutir o que será discutido naquela reunião ou fazer alguma das incontáveis coisas que as pessoas fazem para adiar a tomada de uma decisão. Há alguns anos, eu estava dirigindo um *youth camp* para um grande patrocinador da NBA com um de meus jogadores. Eles estavam esperando quinhentas crianças. Duas mil compareceram. Todos entraram em pânico: "Não temos estações suficientes. Não temos lugar para colocar todo mundo. Como isso aconteceu? Quem devemos culpar?..." "Parem! Devagar", eu respondi. "O que temos e do que precisamos? Deem-me dez minutos." Joguei o plano original fora e elaborei um novo. "Vamos fazer assim." É claro, sempre haverá alguém que não sabe se adaptar e que continuará apegado ao plano original, que não serve mais, balbuciando: "Mas... mas... nós íamos fazer assim e assim..." "Não! Vamos fazer assim. Fim de papo. Acabou." É isso o que os Limpadores fazem. Eles ignoram o pânico e as reclamações. Eles limpam o problema e fazem as coisas funcionarem.

Um Fechador se ajustará à situação; um Limpador ajustará a situação a si mesmo. Um Fechador precisa saber o que fará. Um Limpador não; ele nunca quer ficar preso a um plano. Ele saberá qual é o plano original e o seguirá se sentir que essa é a coisa certa a se fazer, mas suas habilidades e sua intuição são tão grandes, que, em geral, ele improvisa à medida que a situação se desenrola. Ele não consegue evitar. Ele segue o fluxo da ação, e aonde quer que seus instintos o levem, é isso o que teremos.

Nº1. Os Limpadores...

... não competem com ninguém, mas descobrem qual é a fraqueza do oponente e o atacam.

Um Esfriador faz um bom trabalho e espera que alguém lhe dê um tapinha nas costas.

Um Fechador faz um bom trabalho e se dá um tapinha nas costas.

Um Limpador apenas faz um bom trabalho; afinal, esse é o trabalho dele.

Quando se é um Limpador, não existe isso de "jogo sem importância". Não importa se estamos falando do primeiro evento pré-temporada, de um All-Star Game do meio da temporada ou do último jogo de uma temporada perdida: um Limpador sempre comparece aos jogos.

Durante o All-Star Game de 2012, as coisas ficaram um pouco intensas: Dwyane cometeu uma falta contra Kobe, deixando-o com uma contusão e um nariz quebrado. Mesmo no caso de um jogo de uma temporada normal, isso teria sido um estrago considerável; no entanto, era um All-Star Game, e várias pessoas acharam que Dwyane havia exagerado.

Isso é um Limpador. Ele vê uma situação, seu instinto assassino entra em ação e ataca. *Estou com tudo. Esse é o meu trabalho. Sem ressentimentos.*

Mas essa é uma história sobre dois Limpadores, e logo após o jogo, Kobe estava cercado de médicos, agentes da liga e da equipe do time tentando examiná-lo e levá-lo ao hospital. Ele mal podia se mover, seu nariz estava quebrado, a cabeça estava zunindo, e ele ainda se recusava a ir. Por quê? Ele queria encontrar Dwyane e falar sobre essa situação.

Em algum momento, porém, nós o convencemos a ir. Dwyane se desculpou no dia seguinte, Kobe se recusou a perder um jogo, e a história foi esquecida. Sem ressentimentos.

Mas pode acreditar: quando dois indivíduos implacáveis se enfrentam, essa situação pode se estender por anos. Eles ainda podem se dar bem e passar tempo juntos... mas um Limpador interno nunca perdoa e jamais esquece.

É assim que os Limpadores competem. Eles zoam, são zoados e se certificam de que todos os demais também sejam.

Mas não são todos que aguentam o tranco. Tenho uma teoria, que ainda não foi refutada, de que qualquer jogador que mede 2,06m ou mais não aguenta críticas duras e diretas. No caso daqueles que medem 2,05m ou menos, podemos zombá-lo na cara dele. Mas qualquer um que seja mais alto do que isso perde a cabeça e se encolhe no seu mundinho. Acho que esse é o resultado de uma vida inteira sendo encarados por pessoas boquiabertas com seu tamanho — muito maiores do que o restante da população —, gente apontando e fazendo piadas sobre pessoas muito altas. Em consequência disso, eles se tornam sensíveis e começam a se incomodar com sua altura. Eles não passam de uns molengas emocionais. Podem ser uns verdadeiros assassinos na competição, mas também são caras que precisam de tapinhas nas costas para aumentar sua confiança e deixá-los à vontade com o que estão fazendo. E os pequenos? Podemos xingá-los de qualquer coisa, mas eles seguem em frente.

Comentei isso para lhe dar um exemplo de quão diferentemente as pessoas respondem aos golpes da competição.

Isso aconteceu durante um dos campeonatos do Bulls, e Scottie Pippen estava tentando encorajar Luc Longley durante as finais. Todos os jogadores estavam juntos antes do jogo, e Scottie estava conversando com Luc, que tinha 2,18m.

"Você precisa dar o seu melhor", disse Scottie.

E antes de Luc conseguir responder ou até mesmo menear a cabeça, Michael se levantou na frente de todos e disse: "Dar o seu melhor? Você precisa *começar* a jogar."

O jogo havia acabado para Luc. Acho que ele não marcou nenhum ponto. Sua confiança estava abalada. Boa noite.

Michael não sabia — ou não fazia a menor questão de saber — como lidar psicologicamente com os membros de seu time. Entre todos os seus inúmeros dons como jogador, mostrar sensibilidade com os outros não era um deles. Ele sentia o impulso de atacar, dominar e conquistar de todas as formas. O que quer que precisasse fazer, ele fazia; mas esperava o mesmo de todos ao seu redor.

E todos os dias os membros de seu time precisavam comparecer para enfrentá-lo no treino, morrendo de medo do que estava por vir, não porque o treino era difícil, mas porque eles sabiam que precisariam lidar com o nº 23 e com aquela lendária boca. TODOS OS DIAS. Indo atrás de todos os caras, empurrando, exigindo, desafiando, abusando e procurando todas as maneiras possíveis de deixá-los desconfortáveis e fazê-los dar mais de si.

TIM S. GROVER

Certa vez, durante as eliminatórias, em um dia após um exaustivo jogo com prorrogação, o time estava pronto para treinar, até que Michael olhou ao seu redor e viu que estava faltando alguém. "Onde diabos está Burrell?", gritou.

Scott Burrell, na melhor das hipóteses um jogador de tempo parcial, estava na sala de treinamento. Michael foi até lá, onde o pobre Scott estava na mesa, recebendo tratamento para um suposto problema no tendão. MJ agarrou a mesa — enquanto Scott ainda estava sobre ela — e a virou.

"Joguei durante 48 minutos ontem à noite!", Michael berrou. "Tudo em mim está doendo, e *você* tem um problema no tendão? Leve seu maldito traseiro para o maldito treino agora!"

Suba para o meu nível ou saia do meu caminho.

Se somos o cara que está no topo, precisamos puxar todos os outros para o nosso nível, ou tudo o que construímos desmorona. Isso não é tão fácil para um Limpador que exige excelência de si mesmo e não tolera aqueles que não conseguem ou se recusam a subir até esse nível. Ele se faz de burro para se encaixar, dá um tapinha nas costas de todos, dizendo-lhes que são ótimos, e espera que todos cresçam junto com ele? Ou se levanta sozinho, dando o exemplo e fazendo todos os demais se esforçarem mais? A resposta parece óbvia, mas você ficaria surpreso com a quantidade de pessoas que não querem ficar sozinhas sob o clarão dos holofotes, porque, assim que revelamos do que somos capazes, todos esperarão isso de nós. Mas quando ninguém percebe quão bons somos, não precisamos ser aquele cara que faz milagres e dirige o espetáculo; ninguém esperará demais de nós, e tudo o que fizermos parecerá algo heroico. É mais fácil assim.

É mais fácil se não nos importamos em sermos medíocres.

Várias pessoas talentosas preferem baixar o nível das suas habilidades para ficarem mais próximas dos outros, para que os de-

126

mais possam se sentir mais confiantes, envolvidos e relativamente competitivos. Já vi Kobe fazer isso sutilmente quando precisou, como uma forma de fazer os membros de seu time entrarem em ação e mantê-los engajados. Isso pode funcionar bem, dependendo dos outros jogadores, e assim que Kobe vê que os outros começaram a fazer a parte deles, ele volta a jogar da maneira como sempre jogou. Fazer com que os outros sintam que fazem parte do time, em vez de dar a impressão de que somos superastros cercados por coadjuvantes de segunda, é uma decisão consciente.

Michael escolheu o caminho oposto ao dizer: "Eles são meus coadjuvantes."

Sua mensagem era clara e constante: "Ei, não vou *baixar* o meu nível para que você possa parecer melhor; dê um jeito de *subir* o seu nível para parecer melhor. Ele se recusava a deixar seu jogo de lado apenas para que os outros jogadores pudessem ter mais ação, a menos que lhe provassem que conseguiam lidar com a responsabilidade.

Se você já assistiu aos Bulls da era de Jordan jogar, já viu esta cena: Paxson traz a bola para o meio da quadra, passa a bola para Michael na lateral, Michael a passa para Cartwright, Cartwright arremessa, marcando ponto ou não. Na próxima posse de bola, a mesma coisa acontece: Paxson traz a bola para o meio da quadra, passa a bola para Michael na lateral, Michael a passa para Cartwright, que marca ponto ou não... "Muito bem, Cartwright, você já teve duas oportunidades. Acabou para você. Não me diga que não passei a bola para você. Agora preciso fazer o meu trabalho."

Durante o jogo, Michael avaliava quem não estava dando 100% de si e fazia os próprios ajustes. Ele nunca exibia frustração em quadra; sua linguagem corporal e seu comportamento nunca mudavam. Ele apenas dizia: "Vocês não vão jogar hoje? Tudo bem.

Jogarei por nós cinco. Acompanhem o ritmo até o 4º quarto, e eu faço o resto." E ele fazia isso de um jeito que animava todos os outros, como se esse fosse o plano desde o princípio.

É muito mais comum que os astros se irritem e fiquem emotivos quando os membros de seu time não compareçam, e então, todos começam a desmoronar, porque, como já discutimos, as emoções nos tornam fracos, e toda essa energia emocional é completamente destrutiva.

Mas Michael nunca demonstrou isso em quadra durante um jogo. Ele permanecia sempre positivo, parecia estar sempre se divertindo em quadra. *Depois* do jogo, ele era como Genghis Khan: mirava nas bolas, na cabeça e em tudo entre elas. Mas durante o jogo, quando estava concentrado, tudo se resumia a assumir o controle, permanecer calmo e obter resultados.

Antes da troca de Dennis Rodman entre o San Antonio e os Bulls, em 1995, ele ocasionalmente decidia que tiraria a noite de folga; sempre que ele fazia isso, os Spurs perdiam. A mensagem era clara: vocês não podem vencer sem mim. Então, quando ele foi para Chicago e acabou sendo suspenso durante onze jogos por chutar um fotógrafo que estava na lateral, ele mal podia esperar para mostrar aos Bulls que eles também não podiam vencer sem ele. É mesmo? No time do Michael Jordan? Toda vez que Rodman não comparecia, Michael e Scottie jogavam como se estivessem no campeonato; Michael não deixaria que Rodman tivesse a oportunidade de dizer aos Bulls que eles precisavam dele para vencer. E ele não falou isso pelas costas de Rodman, mas na cara dele: "Suas bobagens não têm vez aqui. Vamos vencer com ou sem você."

Suba para o meu nível.

Michael sabia quem estava pronto e em quem ele podia confiar. Ele amava Steve Kerr porque ele o enfrentava. Durante o que

IMPLACÁVEL

agora é uma rixa lendária em um *training camp*, Kerr não gostou de algo que Michael disse; ele estourou, e Michael lhe deu um soco na cara. "Essa foi uma das melhores coisas que já me aconteceram", disse Kerr anos depois. "Eu precisava me levantar e voltar até ele. Acho que ganhei algum respeito." E ele estava certo. Assim que o treino terminou, Michael o chamou até seu carro e se desculpou, e desde então, Michael sabia que eles iriam para a batalha juntos.

Ninguém imaginava que Kerr — um jogador Fechador e um verdadeiro Limpador em tudo o que conquistou depois que saiu dos Bulls, incluindo mais dois anéis com os Spurs, uma carreira na cabine de transmissão e o posto de gerente-geral do Phoenix Suns antes de voltar à sua carreira na televisão — se tornaria o jogador em quem Michael mais confiaria no time. Quando Michael precisava fazer um ajuste rápido, porque sabia que não conseguiria fazer um arremesso na jogada seguinte, ele olhava para Kerr e dizia: "Steve, esteja preparado." Não era Scottie, Horace ou Kukoc; Michael confiava em Kerr.

Isso é um Limpador decidindo o que o Fechador fará. Um Fechador nunca poderá exercer o papel do Limpador a menos que o Limpador decida que isso é o melhor a se fazer. Kerr não faria um arremesso de último segundo a menos que Michael quisesse que ele fizesse isso. E Kerr não teria uma segunda oportunidade se não fosse bem-sucedido na primeira vez.

As pessoas gostam de fazer comparações entre Magic e Michael, mas Magic recorria a Kareem durante o jogo. Michael não recorria a ninguém. Ele costumava dizer aos outros no início da temporada: "Passarei a bola para vocês apenas uma vez. Se não fizerem alguma coisa com ela, não passarei de novo. Posso errar por conta própria. Não preciso da ajuda de ninguém para isso. Então façam as coisas acontecerem, porque vocês só terão uma oportunidade. Façam por merecer."

Quando um Limpador nos coloca na posição de executor, é melhor estarmos preparados. Em certo ponto, quer estejamos na diretoria, no vestiário ou em qualquer outro lugar onde desejamos ser excelentes, alguém apontará em nossa direção e dirá: "Você." Essa pode ser uma oportunidade de um minuto, talvez dez, talvez uma semana ou um mês. Mas o que fazemos durante esse período determinará o que faremos por um bom tempo depois disso. Alguém fará algo de que o treinador ou o chefe não gosta — talvez um cara não esteja se planejando bem ou se esforçando o suficiente —, e teremos a oportunidade de substitui-lo. Estaremos prontos? Teremos feito o trabalho que nos permitirá assumir o posto, totalmente preparados, e mostrar que deveríamos estar nesse cargo desde o princípio? Estamos procurando maneiras de nos mantermos afiados e concentrados? Porque, se nos sairmos bem e impressionarmos alguém, estaremos no sistema. Agora o chefão sabe que somos alguém a quem ele poderá recorrer, e nos tornaremos uma arma em seu arsenal de progresso. Mas se não nos sairmos bem, acabou! O próximo cara ganhará a oportunidade que não aproveitamos. Tivemos a nossa oportunidade e não teremos outra.

Um Limpador nos diz o que quer de nós e espera resultados. Dwight Howard contou uma ótima história sobre como ele ligou para Kobe antes do início da pré-temporada dos Lakers em 2012 para lhe dizer que estava se sentindo bem, que suas costas estavam a 85% após uma cirurgia. "Isso é bom", Kobe respondeu. "Preciso que você esteja 100%. Estou tentando ganhar um anel. Tchau." Suba para o meu nível ou saia do meu caminho.

Michael obrigava cada um dos membros de seu time a estar pronto, a jogar melhor, com mais intensidade, com mais força, e cada um deles acabou com uma carreira que não conseguiram replicar quando não estavam mais jogando com ele. "Você não

IMPLACÁVEL

precisa gostar disso", ele dizia, "mas vai gostar dos resultados".
E ele tinha razão. Eles não gostavam. Mas *todos* jogavam melhor.
Eles pareciam melhores do que eram. E todos recebiam seu salário. Ele ajudou até os caras com zero minutos a melhorar. Ele tirou
a pressão de todos e colocou sobre ele mesmo.

E quando finalmente precisaram jogar sem ele — porque ele
foi embora ou porque eles foram jogar com outros times —, todos
voltaram ao seu nível de habilidade natural, física e mentalmente.
Se assistíssemos a alguns deles na era pós-Bulls, provavelmente
pensaríamos: "Você só pode estar de sacanagem! O que aconteceu
com esse cara?" Os times estavam assinando contratos com ex-jo-
gadores dos Bulls e, de repente, perceberam: "Pagamos tanto dinheiro para *isso*?" O que aconteceu foi o Michael. Sem o Michael,
não havia mais pressão implacável, ninguém fazendo-os prestar
contas e exigindo excelência constante. Alguns desses caras acabaram tendo excelentes carreiras em outras áreas — Steve Kerr e
John Paxson, para citar alguns —, mas a maioria deles não conseguiu se manter no nível em que estavam enquanto jogavam para
satisfazer às expectativas de Michael.

Mas não se engane: um verdadeiro Limpador não está pensando em nós quando exige que melhoremos. Ele fica feliz se co-
lhermos algum benefício, mas o que ele faz não é em nosso benefício, mas em benefício próprio. Seu único objetivo é nos colocar
onde precisamos estar para que ele possa obter os resultados que
deseja.

Pense na temporada do campeonato de Miami de 2012.
Podemos falar tudo o que quisermos sobre o que LeBron fez no
final do jogo, mas se Dwyane não o tivesse colocado naquela posição, aquilo não teria acontecido. Lembre-se: um Fechador pode
dar o arremesso da vitória, mas é o Limpador que o coloca no time
e se certifica de que a bola esteja nas suas mãos quando ela preci-

sar estar lá. Essa é a descrição exata de Dwyane e LeBron: assim como Michael fez com os membros de seu time — o Limpador decidindo o que um Fechador fará —, Dwyane sabia que precisava se segurar durante toda a temporada para que LeBron pudesse tomar a iniciativa. Não havia dúvidas quanto a isso. É assim que um Limpador elabora um plano: "Se eu fizer isso, então ele fará aquilo, e no fim, venceremos." No caso de Dwyane, sua genialidade fica ainda mais aparente quando nos lembramos de que ele estava jogando com um dos joelhos gravemente lesionado, o que limitava suas habilidades. Assim, ele colocou todo o mundo na posição certa para fazer isso por ele. Missão cumprida. Não questionamos os métodos; nos importamos apenas com os resultados.

Era Dwyane que fazia os planos naquele time, e LeBron exercia o papel a que foi enviado para exercer. Não consigo enxergar isso de outra forma. Dwyane era como o leão, e LeBron era o filhote do leão. E o filhote sabia que, independentemente do que fizesse, o pai estaria logo ali, por precaução. Quando o pai precisou intervir e proteger a família, ele fez isso, enquanto o filhote continuou fazendo o que deveria fazer. Se Dwyane fosse tirado do time, eles não teriam como vencer aquele campeonato. Não importa quão talentoso LeBron é; sem a liderança de Dwyane, o Heat de 2012, com os "Três Grandes", não passaria de outro time cheio de talentos, mas sem nenhum anel.

No entanto, nunca ouvimos Dwyane dizer isso ou levar o crédito; na sua mente, esse era o trabalho dele. Um grande líder sabe que a melhor maneira de fazer as pessoas melhorarem seu desempenho é colocá-las onde elas realmente crescerão, e não onde queremos que elas cresçam. Os Limpadores não impedem os outros de chegarem ao topo com eles, se forem capazes e estiverem prontos. E, ao passo que LeBron evolui como líder e como um

IMPLACÁVEL

Limpador em potencial, ele pode acabar ficando com a responsabilidade de colocar um time vencedor em quadra.

Poucas pessoas podem ser excepcionais em todas as áreas; assim, às vezes precisamos fazer alguns experimentos antes de obter o resultado desejado — um processo que poderia ter feito Michael jogar no centro na NBA. Antes do recrutamento de 1984 da NBA, os Portland Trail Brazers chamaram Bob Knight — que estava treinando o time de basquete olímpico norte-americano naquele verão, o qual incluía Michael — e pediram sua opinião sobre quem deveria ser a segunda escolha no recrutamento. Todos sabiam que Houston escolheria Hakeem Olajuwon primeiro, mas ninguém (incluindo Portland) sabia se Portland escolheria Sam Bowie ou Michael Jordan em seguida.

"Escolha o Jordan", Knight disse.

"Tudo bem", disse Portland, "mas precisamos de alguém para jogar no centro".

"Coloque ele no centro", Knight respondeu.

Michael provavelmente poderia ter feito isso também. Mas a maioria das pessoas não tem essa opção. Precisamos analisar os membros de nosso time, nossos empregados, e ver o que eles *conseguem* e *não conseguem* fazer. As pessoas que avaliam talentos são sempre negativas: "Ele não consegue fazer, ele não consegue fazer aquilo." Está bem, mas o que ele *consegue* fazer? Ele chegou até aqui por um motivo. Como ele fez isso? Já estabelecemos o que ele não consegue fazer. Vamos parar de esperar que ele faça isso. Vamos descobrir o que ele consegue fazer e colocá-lo em algum lugar do sistema em que possa ser bem-sucedido.

Todos recebem alguma habilidade ao nascer. Nem todos descobrem que habilidade é essa. Às vezes descobrimos por conta própria, e em outras, alguém precisa nos mostrar isso. De qualquer forma, ela está lá. Ao mesmo tempo, existem habilidades que não recebemos. Nosso desafio em vida é usar as habilidades que temos e compensar as habilidades que não temos. É algo totalmente instintivo; compensamos para sobreviver. As pessoas com uma visão limitada costumam ter uma audição aguçada; as pessoas com certas disfunções descobrem que têm talentos extraordinários em outras áreas. Algo lhes é dado e algo lhes é tirado. Eu conheço diversos atletas que foram abençoados com incríveis dons físicos: altura, habilidade, força, velocidade... mas nenhuma ética de trabalho, nenhum sistema de suporte, nenhum jeito de usar, desenvolver ou tirar vantagem dessas habilidades. Pessoas bem-sucedidas compensam aquilo que não têm; as pessoas malsucedidas dão desculpas, culpam todos ao redor e nunca superam suas deficiências. Um verdadeiro líder vê além dessas deficiências. Ele identifica suas habilidades e tira o máximo proveito dessa pessoa.

Um Esfriador imagina o que acontecerá.

Um Fechador observa as coisas acontecerem.

Um Limpador faz as coisas acontecerem.

Discuti essa questão profundamente com um cliente durante uma dessas reuniões de "em caso de emergência, quebre o vidro" durante as eliminatórias. Conversamos durante todo o tempo em que estivemos juntos. Nada físico. Nada. Ele não fez alongamentos antes do jogo, não fez aquecimento nem foi para a academia. Apenas sentamos e conversamos.

Ele estava irritado com alguns dos membros de seu time, frustrado com o que ele acreditava que não conseguiam fazer. Quando somos excepcionais em nosso ramo, quando nosso talento é tão

IMPLACÁVEL

natural e nossa habilidade é tão elevada, fica difícil entender que nem todos são como nós e que eles não conseguem fazer o que fazemos. Não é uma questão de tentar se esforçar mais; eles realmente não conseguem fazer o que queremos que eles façam. E se não lidarmos com isso com cuidado, destruiremos todo o time, o escritório ou qualquer outro lugar onde temos pessoas com um desempenho de elite rodeadas por colegas menos talentosos.

Conversamos sobre todos os jogadores do time, nos concentrando nos pontos fortes deles, em vez de focarmos os pontos fracos. Eu lhe disse que, como líder, seu trabalho era identificar os talentos de seus jogadores e colocá-los em situações em que poderiam usar esses talentos. "Sim, sabemos que esse cara pode ter um colapso nervoso e que, sob pressão, aquele outro não acertará um arremesso. Sabemos que esse cara joga bem em temporadas normais, mas que nas eliminatórias ele parecerá o jogador da Liga D que realmente é. Então não coloque esse jogador em uma posição importante. Trabalhe com seus pontos fortes, e tudo o que conseguir além disso será um bônus. Você controla isso. Tome a frente da situação e faça com que ela lhe favoreça.

"Mas", acrescentei, "você também precisa reconhecer que é tão competitivo que está esmagando o time com sua desaprovação. Você não percebe o impacto que está tendo sobre todos os demais, porque sua natureza é diferente da deles. Quando meneia a cabeça ou grita com eles, eles travam. Sei que você os ama; então eles precisam sentir que você está lhes dando apoio, e não se voltando contra eles."

"Não farei isso", ele respondeu.

"Ah, fará sim. Quando dizemos algo a alguém e vamos embora antes que ele possa responder ou fazer um comentário, deixamos nossa opinião bastante clara, mas não o deixamos se expressar. Você precisa ver como alguém reage para saber o que vem em seguida. Ele está cabisbaixo? Está irritado? Você o está motivando ou fazendo justamente o contrário? Quando acertamos alguém com uma crítica, isso não motiva ninguém, só o desanima. Você não conseguirá ganhar esses caras fazendo com que eles se sintam inúteis."

Ele entendeu. No jogo seguinte, ele estava literalmente cumprimentando os membros de seu time no meio da quadra, dando-lhes um tapa no traseiro, mostrando-lhes seu apoio... e se é isso o que falta, é isso o que faremos.

Mas para qualquer líder é difícil resistir à tentação de tomar as rédeas e fazer as coisas por conta própria. O trabalho de Kobe era fazer de trinta a quarenta pontos por jogo. Quando lhe dissermos para começar a ajudar os outros jogadores a marcar seus pontos e a se sentir envolvido, estaremos tirando-o de seu jogo. Obviamente, seu trabalho inclui liderar o time, mas seu foco principal não pode ser quantos arremessos os outros caras estão fazendo. Deixe-os se preocupar com isso. Deixe-os subir ao nível dele. Lembre-se: quando um Limpador nos dá uma oportunidade, devemos estar preparados, porque ele não nos pedirá nada novamente se estragarmos tudo. É mais fácil para ele fazer o trabalho sozinho, e se tiver que afundar com o navio, ele se certificará de que é o capitão.

O trabalho de um Limpador é assumir o comando e determinar o que deve acontecer para obter resultados. Temos um treinador nos dizendo isso e jogadores querendo aquilo... mas se somos o cara com a responsabilidade e o talento no meio de tudo isso, todos os dedos estarão apontando para nós, quer vençamos ou não. Não apenas nos esportes, mas em tudo na vida. Quando somos o cara que foi contratado para fazer as coisas acontecerem, é melhor que essas coisas aconteçam, senão não seremos esse cara por muito tempo. Somos responsáveis. Se algo errado tiver que acontecer, é melhor que sejamos a pessoa que cometeu o erro para resolvê-lo imediatamente e fazer todos voltarem aos trilhos. Tudo depende de nós.

Mas, como esse cara, também precisaremos que todos os demais, que toda essa química, avancem da mesma maneira conosco. Para cada chefe deve haver uma tribo, e em certo ponto precisamos fazer todos os membros da tribo experimentar como é ser o chefe, para que eles também possam ver os detalhes, as questões e a textura do que acontece no topo e identificar o que está acontecendo no quadro geral, em vez de se prenderem às suas pequenas cenas. Em geral, assim que veem o quadro geral e lhes dizemos que eles deverão administrá-lo — cada detalhe, personalidade, ponto fraco e ponto forte —, assim que lhes damos esse momento de total poder e controle, a maioria deles diz: "Ah, não, obrigado." É mais fácil ficar onde estão, seguros e confortáveis.

Ninguém sabe isso mais do que os treinadores, os quais, além de entender a tribo, precisam administrar seus chefes. Os bons entendem a dinâmica: deixe os Limpadores fazerem a parte deles. Aqueles que não conseguem abrir mão desse controle acabam perdendo o emprego. Um jogador Limpador precisa de um treinador Limpador, porque eles entendem e respeitam o que cada um precisa fazer. Os Limpadores nunca traem uns aos outros. Eles deixam o outro cuidar do próprio negócio. Phil entendeu o que precisava fazer com Michael: "Respeite meu trabalho e respeitarei o seu. Faça algumas jogadas que preciso que faça e, depois, faça o que quiser." Phil nunca procurou estabelecer um relacionamento com seus jogadores. Ele apenas os colocava em situações em que poderiam ser bem-sucedidos e não tentava fazer as pessoas fazerem o que não conseguiam. Ele não era um cara de diagramas. Tudo com ele se resumia a instinto. Ele via personalidades e media o que elas eram capazes de fazer.

TIM S. GROVER

Com Pat Riley, outro Limpador, tudo se resumia a resultados; é por isso que ele é tão bem-sucedido. Precisamos fazer do jeito dele, senão ele nos obrigará a fazer do jeito dele. Por um tempo, as pessoas estavam dizendo que, se Erik Spoelstra não levasse o Heat à vitória como treinador, Riley viria e faria ele mesmo o trabalho. Os jogadores tinham tanto medo disso, que entenderam que era melhor fazer as coisas darem certo com Spoelstra, o qual era apenas durão, ao passo que Riley era um gigante competitivo. Era mais fácil lidar com o aprendiz do que com o mestre.

Doug Collins é o melhor planejador que já conheci. Ele vê tudo três jogadas à frente de todos, e ninguém percebe o que está para acontecer. Então ele coloca todo mundo em situações estratégicas que parecem não fazer sentido, até que toda a jogada se desenrola e, de repente, tudo toma forma. Sua mente para o basquete é sem comparações. Mas às vezes ele se esquece de que nem todos conseguem fazer isso. Caras como Riley, Van Gundy e Tom Thibodeau, do Chicago, nos dizem como será e esperam que façamos as coisas do jeito deles, o que pode gerar atrito com alguns dos valiosos superastros que *não* querem fazer dessa forma. Se dissermos a esses caras que teremos um treino de três horas e arremessos durante duas horas, eles logo começam um motim. Eles ouvem falar que outros times estão treinando por menos tempo, se esforçando menos... agora estão se perguntando por que eles precisam se esforçar tanto. Podemos evitar isso quando os jogadores são mais jovens, mas muitos dos veteranos e dos caras que já ganharam alguma coisa não querem lidar com isso. Então, é melhor vencermos; senão nossos jogadores não aceitarão nossa filosofia.

Mike Krzyzewski e eu temos um bom relacionamento; já passamos bastante tempo conversando ao longo dos anos. Ele é o melhor para reunir jogadores que sabe que trabalharão segundo seu sistema — *tenho esse garanhão aqui, aquele cara com o QI elevado para basquete, esse cara com o salto de arremesso* — e ele junta tudo para fazer as coisas funcionarem. Eles nem sempre são os atletas mais talentosos, mas ele sabe exatamente o que funciona para o seu time, reconhece o que eles conseguem fazer e os coloca em situações em que possam brilhar. É por isso que ele vem obtendo um resultado tão excelente como treinador de times olímpicos; ele coloca as pessoas onde elas precisam estar, não apenas onde querem estar (o que é um desafio frequente quando lidamos com uma dúzia de superastros). John Calipari adotou o caminho oposto. Ele quer que os melhores atletas estejam em quadra para que não precise pensar em nada. Um método diferente de se obter o mesmo resultado — vencer —, mas dependendo mais da habilidade dos jogadores de jogarem bem sem muito treinamento ou instrução.

Independentemente de como formamos uma equipe — qualquer equipe, nos esportes, nos negócios ou em qualquer outro empreendimento —, de como juntamos as peças, precisamos daquele cara que nunca precisa do cutucão de ninguém, que impõe respeito, medo e atenção e exige que o desempenho dos outros seja tão bom quanto aquele que ele exige de si mesmo. Ele não precisa ser o mais habilidoso ou talentoso de sua equipe, mas é ele quem estabelece o exemplo que todos os outros podem seguir.

A única maneira de fazer os outros darem seu máximo é se nós mesmos fizermos isso. Profissionais tranquilos, concentrados. Se tivemos uma noite ruim e não estivermos preparados para o dia seguinte — ou não pudermos comparecer —, isso não afeta apenas a nós mesmos, mas a todos ao nosso redor. Um profissional não decepciona os outros por causa de questões pessoais. Se tivermos que comparecer, compareceremos. Talvez detestemos todas as pessoas no cômodo, mas se nossa presença faz com que elas se sintam melhor, se isso une a equipe e resulta em desempenhos melhores, então damos um passo a mais em direção ao nosso próprio objetivo. É assim que ajudamos outros a subir ao nosso nível: nós lhes mostramos qual é o nível e damos o exemplo para ajudá-los a chegar lá.

Nº1. Os Limpadores...

... não dão sugestões,
mas tomam decisões; sabem as
respostas, enquanto todos os demais
ainda estão fazendo perguntas.

_____

Você nunca me ouvirá falar de uma maneira positiva sobre as
seguintes coisas:

Motivação interna.

Paixão.

Se o copo está meio cheio ou meio vazio.

O que elas têm em comum?

Todas se resumem a "pensei sobre isso, mas não fiz nada".

TIM S. GROVER

O que diabos é "motivação interna"? A motivação interna nada mais é do que o pensamento sem ação, devaneios internos que nunca vão a lugar nenhum. Totalmente inútil, a menos que esses pensamentos se tornem algo externo e se transformem em ação. Que vantagem há na motivação interna? Onde estão os resultados? As pessoas que pregam a motivação interna são sonhadores com muitas ideias e conversas, mas nenhuma ação. Elas nos contam tudo o que farão, mas nada acontece. Essa é a motivação interna.

Vamos em frente.

Paixão: é um sentimento ou uma emoção forte por algo ou alguém. Que legal. E daí? Vamos apenas sentir ou faremos algo a respeito? Amo ouvir palestrantes motivacionais dizerem às pessoas para "seguir sua paixão". Segui-la? Que tal *trabalhar* nela? Atingir a *excelência* por meio dela? *Exigir ser o melhor* nela? Segui-la? Meh!

Mas o meu favorito é o debate sem-fim sobre se um copo invisível está meio cheio ou meio vazio.

Esse é um conceito inventado por alguém que sofria da completa inabilidade de tomar decisões. Meio cheio ou meio vazio? Ou temos algo no copo ou não. Se gostarmos do que está lá, acrescentamos mais. Se não, jogamos o conteúdo fora e começamos tudo novamente. De outra forma, estaremos apenas encarando esse copo inexistente e pensando: "Droga, não consigo decidir."

Que bobagem! É claro que temos como decidir. Só não queremos nos comprometer com uma decisão. Assim que alguém começa com uma análise de meio cheio ou meio vazio, podemos saber que começaremos um longo debate sobre nada com alguém que não consegue ou não quer tomar uma decisão. Para mim, esse é o equivalente a um cara parado no meio de um cruzamento movimentado gritando "Eu não sei", enquanto todo mundo ao seu redor está berrando "Saia do meio da rua!"

Confie em si mesmo. Decida-se.

A cada minuto, hora ou dia em que ficamos tentando descobrir o que fazer, outra pessoa já está fazendo.

Enquanto estamos tentando escolher se vamos para a esquerda ou para a direita, por aqui ou por ali, outra pessoa já chegou lá.

Enquanto estamos paralisados, pensando e analisando nosso próximo passo, outra pessoa confiou em seus instintos e chegou na nossa frente.

Escolha logo, senão outra pessoa fará essa escolha em seu lugar.

A maioria das pessoas não quer tomar decisões. Elas dão sugestões e esperam para ver o que todo mundo acha para que possam dizer: "É apenas uma sugestão." Elas sabem qual é a resposta certa, mas não podem tomar nenhuma atitude porque, se algo der errado, precisarão assumir a responsabilidade e não poderão culpar mais ninguém. Enquanto isso, outra pessoa está tomando essa decisão, e quando funciona, ela ganha todo o crédito. E talvez a escolha que ela tenha feito seja uma que não funciona para mais ninguém além dela, mas como ninguém mais tomou uma atitude, azar para elas.

Um Limpador toma decisões porque não existe a menor possibilidade de ele deixar que outra pessoa tome uma decisão em seu lugar. Ele pode até pedir nossa opinião e acrescentar isso a todo o restante que já sabe, mas não fará o que os outros estão dizendo para ele fazer; ele ainda seguirá seus instintos. Quando ele toma uma decisão, esta fica gravada na rocha; ele não se importa com o que os demais acharão de sua decisão e terá que viver com as consequências.

Ele decide e age.

TIM S. GROVER

Dou crédito aos Esfriadores pelo seguinte: eles têm a flexibilidade e a disposição de repensar suas decisões e mudar sua direção se lhes damos um motivo. Um Limpador nos mandará à merda.

Podemos desperdiçar toda uma vida pensando em todos os possíveis resultados para analisar algo. Por um lado... mas por outro lado... por outro ainda... Pare com isso! Temos apenas duas mãos, e isso já é demais.

Uma pessoa nos diz "Pense positivo!", enquanto outra está dizendo "Não quero parecer negativo, mas..." Eu não acredito em pensamento positivo *nem* em pensamento negativo. Muitos "especialistas" ganharam rios de dinheiro com base nisso; bom para eles, mas deixe-os longe de meus jogadores. Aqueles que pensam positivo querem apenas visualizar o sucesso; os que pensam negativo querem se concentrar em tudo o que poderia dar errado. Bem, visualizar algo não o torna realidade, e pensar demais em problemas imaginários apenas gera medo e ansiedade. Quero equipá-lo com reflexos e instinto, não calmantes.

Você nunca me ouvirá dizer: "Temos um problema". Talvez tenhamos uma situação com a qual precisamos lidar ou uma questão que precisamos resolver, mas nunca um problema. Por que automaticamente classificar algo como negativo? Os instintos não reconhecem algo como positivo ou negativo. Existe apenas uma situação, nossa resposta e um resultado. Se estivermos prontos para qualquer coisa, não estaremos pensando se a situação é boa ou ruim; visualizaremos a situação como um todo. E se *estamos* pensando sobre isso, estamos fora da zona de concentração, distraídos e desperdiçando energia e emoções, em vez de nos concentrarmos apenas no que precisamos fazer. Pensar não gera resultados; apenas a ação faz isso. Prepare-se com tudo o que precisa para ser bem-sucedido e, então, aja. Não precisamos de cem

IMPLACÁVEL

pessoas atrás de nós servindo como rede de segurança. Nossa preparação e nossos instintos são nossa rede de segurança.

De repente, temos uma grande ideia; algo completamente novo vem à nossa mente e mencionamos isso com algumas pessoas... e elas nos olham com uma expressão vazia. Na mesma hora, perdemos todo o entusiasmo. Por quê? Ela ainda é a mesma ideia que amamos há poucas horas. O que aconteceu?

Pare de pensar.

Depois daquele pensamento inicial, aquela primeira reação instintiva instantânea, por que, logo em seguida, nos entregamos à fraqueza de duvidar, questionar e analisar? Estamos escutando os outros ou o nosso instinto? Estamos ouvindo conselhos de pessoas que sabem do que estão falando ou daquelas que apenas veem falhas? Assim que nos permitimos começar a pensar demais sobre nossas decisões, começamos a dizer coisas como "Vou dormir pensando nisso", ou "Vou pensar nisso em segundo plano", ou qualquer um daqueles outros clichês que significam "Não confio em mim mesmo para tomar uma decisão". O segundo plano serve para esfriar as coisas. E acabamos de esfriar uma ideia que estava "quente". Então esquecemos dela e deixamos tudo de lado sem saber quão perto poderíamos estar do sucesso.

Falando em clichês, esse é outro tributo à indecisão e à apatia:

Coisas boas vêm para aqueles que esperam.

Não, coisas boas vêm para aqueles que *se esforçam*. Entendo o valor de não se precipitar — queremos ser rápidos, não descuidados —, mas ainda precisamos nos esforçar para obter um resultado, e não apenas nos sentar e esperar alguma coisa acontecer. Não podemos esperar. A decisão que deixamos de tomar na segunda-feira ainda estará esperando por nós na terça-feira, e até então, duas novas decisões precisarão ser tomadas; se ainda não tivermos tomado essas decisões, teremos mais três na quarta-fei-

TIM S. GROVER

ra. Logo, estamos tão sobrecarregados com tudo com o que ainda não lidamos que ficamos totalmente paralisados e não conseguimos fazer mais nada.

Enquanto isso, ao passo que ficamos sentados sem fazer nada porque temos medo de cometer um erro, outra pessoa está cometendo vários erros, aprendendo com eles e chegando aonde queríamos chegar. E provavelmente rindo da nossa fraqueza.

Quando finalmente nos obrigamos a tomar uma decisão, o que escolhemos? Quase sempre voltamos à nossa primeira reação, a primeira coisa na qual pensamos quando todo o processo começou. Nós já sabíamos. Por que não podemos apenas confiar em nós mesmos da primeira vez?

Não podemos confiar nos outros para se prontificar e tornar nossos sonhos realidade. Eles têm os próprios sonhos e não se preocupam com os seus. Se puderem, as pessoas podem estar dispostas a ajudar, mas, no fim das contas, tudo depende de nós. Podemos nos rodear das melhores pessoas que existem, conhecer nossos pontos fortes e fracos e confiar que os outros farão o seu melhor. Mas no fim, a responsabilidade ainda é nossa. Planeje e execute.

Qual é o seu plano? Tudo começa com um simples pensamento. Cada ideia, invenção, plano, criação... começa com um pensamento. Para trazer esse pensamento à vida, precisamos elaborar um plano. Começar a malhar, a treinar um esporte, abrir um novo negócio... podemos apenas pensar nisso ou podemos elaborar um plano para chegar lá. Seja realista: quanto tempo você tem? Quanto tempo dedicará a isso? Será uma prioridade em sua agenda ou será encaixado entre seus outros compromissos? Se elaborarmos um plano que realmente reflita nossos alvos e interesses, a probabilidade de o colocarmos em prática será maior.

IMPLACÁVEL

Por que fingir que malharemos todos os dias quando só vamos fazer isso três vezes por semana?

Faça uma escolha e apegue-se a ela.

A maioria das pessoas não consegue fazer isso. Elas estão contentes em "ir levando" ou "ver o que acontece". Como assim? Já sabemos o que acontecerá se começarmos desse jeito — tudo o que começarmos desmoronará. Mas é isso o que a maioria das pessoas faz: elas "testam a água" antes de pular nela. Por quê? A menos que suspeitemos que as águas estejam cheias de crocodilos, qual é a pior coisa que pode acontecer se dermos um mergulhinho? Vamos nos molhar. Um Limpador pensa: "Sem problemas. Vou nadar." A maioria das pessoas fica só sentada na borda, tremendo e procurando uma toalha.

Ah, você não sabe nadar? Sem problemas. Diga-me o que *sabe* fazer. Por que ficar sentado na borda sentindo pena de si mesmo? Tome um caminho diferente. Brilhe em outra área, ao passo que todos os outros estão brigando por um espaço na mesma piscina. Não nos tornamos sem limites seguindo a multidão. Fazemos isso por fazer algo melhor do que todos os outros e provando todos os dias por que somos os melhores no que fazemos.

Talvez você conheça alguém assim: ele sabe fazer de tudo. Esta semana ele é um blogger, autor de músicas e motivador. Na semana passada ele estava dando aulas de tênis duas noites por semana e trabalhando como sushiman. Nos fins de semana ele está reformando seu Maserati 1955. Você o escuta e sente como se não tivesse feito nada de sua vida. Até que escuta com mais atenção e descobre que, como muitas outras pessoas, ele é alguém que está experimentando muitas coisas, mas não é bem-sucedido em nenhuma delas. Eu ouço essas pessoas e penso: "Até onde posso ver, a única coisa na qual você é bom é em se manter ocupado."

Quero ouvir alguém dizer: "Eu faço *isso*." Pergunte a Kobe o que ele faz, e ele lhe dirá: "Eu entrego números." Números? "Sim, eu entreguei 81 a eles, um duplo tripo a eles, 61 àqueles caras..." As pessoas amam comentar que ele não passa a bola com frequência, mas seu trabalho é marcar pontos e entregar esses números; é isso o que ele faz.

Costumo dizer aos jogadores: "Para atingir seu mais alto nível nessa habilidade, ela precisará ser seu foco. Quero que você seja excelente nessa única coisa. Você pode ser mediano e acima da média nas outras coisas, mas quando as pessoas conversarem sobre alguém que sabe fazer isso, você deverá ser o primeiro nome a ser mencionado."

Porém, a maioria das pessoas quer mostrar que sabe fazer de tudo, o que, no fim das contas, as afasta de suas reais habilidades. Se não conseguimos fazer cestas de três pontos, é melhor não tentar fazermos esses arremessos. Se não conseguimos fazer um *home run* e somos o cara que deveria ficar nas bases e roubá-las, é melhor fazer isso. As pessoas ganham uma fortuna ao se tornarem especialistas em uma coisa, de modo que, quando alguém precisa dessa coisa, somos as pessoas para quem elas ligam.

Anos atrás, acompanhei Michael até às instalações de treinamento do FBI, onde há um estande de tiro para a maioria dos atiradores de elite do mundo. Então temos um cara sozinho praticando o que ele faz em sua profissão, vez após vez. O alvo está a 365 metros de distância — o equivalente a quatro campos de futebol americano. Ele precisa entrar em sua caminhonete, dirigir até o alvo, prepará-lo e dirigir de volta até onde estávamos. Ele pega seu rifle, mira através do visor e atira — *Bam!* —; nem ouvimos a bala atingir o alvo. Em seguida, entramos na caminhonete com ele e voltamos até o alvo. Ele o acertou bem no meio. Teríamos ficado impressionados se ele acertasse o alvo em qualquer lugar. Trezentos e sessenta e cinco metros. Bem no meio!

Michael lhe perguntou quantas pessoas usavam aquele estande de tiro. "Só eu", ele respondeu. Então, a menos que ele recebesse visitantes como nós, o que não costumava acontecer com tanta frequência, ficava sozinho trabalhando nesse único tiro, vez após vez, de modo que, quando o exército precisasse de alguém que conseguisse acertar esse tipo de alvo, eles entravam em contato com ele. Ninguém sabe o que esse cara faz todos os dias para ser tão bom. As pessoas só sabem que ele entrega resultados.

Descubra o que é que você faz e faça isso. E faça melhor do que todos os demais.

Então, faça todo o restante girar em torno disso; fique com o que você já sabe. Ser ótimo em uma coisa não quer dizer que você também pode gerenciar um restaurante, uma concessionária ou uma linha de equipamentos esportivos. Bill Gates não lançará uma linha de artigos esportivos. E você provavelmente também não deveria.

Independentemente de quantos anos estou nesse negócio, eu continuo meneando a cabeça para atletas profissionais que ainda não conseguem tomar a decisão de se comprometer com a excelência. É o corpo deles, seu ganha pão, e eles só conseguem surfar nessa onda por alguns anos. Vamos surfar ou deitar na praia e reclamar que a água está fria demais?

Uma das decisões mais difíceis para um atleta é determinar quanta fadiga e dor ele consegue suportar e quanto ele consegue se obrigar a fazer. Todos jogam com dor. Sempre tem alguma coisa acontecendo em nosso corpo. A questão é: o que eles devem fazer para evitar que isso os afete mentalmente? Se sabemos que vamos sentir dor o tempo todo, podemos nos sentir confortáveis com o desconforto?

TIM S. GROVER

Quando alguns jogadores se machucam, e o médico lhes diz que não podem se exercitar, eles se sentem bem; é um alívio, e eles não sentem falta. Quando um Limpador se machuca, ele procura alguma maneira de se exercitar ou enlouquecerá tentando. Ele precisa fazer uma escolha. Ou escuta o médico e tem uma recuperação segura e mais longa, ou escolhe o caminho mais curto, um remendo, talvez algo que não seja de qualidade no longo prazo, mas que lhe permitirá jogar. Depende de quanto ele quer isso.

Se um Limpador se encontra em uma situação em que precisa remover uma parte de seu corpo para sobreviver, ele não pensaria duas vezes sobre isso. Ele encontra uma maneira de se adaptar sem essa parte. "Meh, é só um dedo. Eu me viro sem ele." Perder um dedo ou uma temporada? Ele prefere perder o dedo.

Kobe tem um dedo que se move de maneiras que nenhum dedo deveria se mover. Uma pessoa normal faria uma cirurgia para consertá-lo. Mas qual seria a vantagem para ele, a não ser pelo fato de que ele não conseguiria dobrar o dedo todo para trás? Essa cirurgia lhe custaria nove meses de basquete. Será que vale a pena?

Os Limpadores têm uma alta tolerância à dor e mental; é mais um grande desafio ver quanto eles conseguem aguentar, o que conseguem suportar, quão bem conseguem jogar quando não estão saudáveis. O lendário jogo de Michael com gripe nas finais da NBA de 1997... o famoso jogo de Kobe com gripe durante a temporada de 2012. Precisamos ter cuidado com um Limpador quando ele está fisicamente doente porque seu corpo o altera totalmente para ver do que ele é capaz. Como não está fisicamente forte, ele encontra outra maneira de derrotar seus oponentes, em geral recorrendo a jogos mentais. A doença, física ou mental, é uma das melhores maneiras de fazer uma pessoa se concentrar: seus instintos de sobrevivência entram em ação e lhe dão ferramentas adicionais para lutar com um estado enfraquecido.

Sobre a famosa gripe de Michael: acho que a maioria das pessoas reconhece, agora, que ele provavelmente não estava gripado naquela noite em Utah; é mais provável que tivesse com uma intoxicação alimentar. Logo antes de passar mal, ele pediu um jantar tarde da noite no único lugar que conseguiu encontrar aberto em Park City, e quando seis caras apareceram para fazer a entrega, senti que havia algo errado. Logo depois, ele estava no chão, passando mal e tremendo, mais doente do que jamais o havia visto. Mesmo assim, teve garra e determinação para jogar na noite seguinte, marcando 38 pontos no que seria um dos jogos que definiriam sua carreira. "Essa provavelmente foi uma das coisas mais difíceis que já fiz", ele disse mais tarde.

É incrível o que algumas pessoas conseguem fazer quando tudo está em jogo.

• • •

Algumas decisões podem alterar toda nossa vida: Devo me aposentar? Devo fazer uma cirurgia? Devo desistir do meu sonho?

Algumas decisões são menos desafiadoras.

Depois de cada jogo, eu costumava fazer uma pergunta a Michael: "Cinco, seis ou sete?"

Ou seja, a que horas ele iria para a academia na manhã seguinte?

Ele me respondia um horário, e pronto. Especialmente após uma derrota, quando não havia muito mais a dizer. Sem discussão, sem debate, sem uma tentativa medíocre de me convencer de que ele precisava de uma manhã de folga. "Tudo bem?", eu lhe perguntava. "Tudo", ele respondia. "Eu o vejo pela manhã."

TIM S. GROVER

E na manhã seguinte, no horário que havia decidido, ele acordava e me encontrava parado na porta dele. Independentemente do que talvez houvesse acontecido na noite anterior — jogo bom, jogo ruim, dor, fadiga —, ele levantava e ia se exercitar todas as manhãs, enquanto a maioria dos outros jogadores estava dormindo.

É interessante como o cara mais talentoso e mais bem-sucedido passava mais tempo se exercitando do que os demais.

O mesmo acontece com Kobe; seu desejo de trabalhar é insaciável. Em certos dias, ele vai à academia duas vezes por dia e mais uma vez à noite, experimentando coisas diferentes, trabalhando algumas questões, sempre buscando aquela vantagem extra. Nesse nível de excelência, não existe margem para erro, e ninguém — *ninguém* — no jogo atualmente trabalha mais ou investe mais no próprio corpo do que ele, cercando-se das pessoas certas para mantê-lo na melhor condição possível.

Mas isso ainda não é fácil, e Kobe precisa tomar a decisão de ir trabalhar todos os dias. Para enfatizar: os caras mais talentosos se esforçam mais do que todos os outros.

É uma escolha.

Cada um dos exercícios de Kobe leva noventa minutos, e trinta destes são gastos apenas trabalhando em seus pulsos, dedos, tornozelos... todos os detalhes.

É assim que os melhores ficam ainda melhores — eles trabalham nos detalhes. E em certo ponto de todas as sessões de exercício, ele me encara e pergunta: "O que falta?" Afinal, admitamos, o trabalho é difícil e tedioso, e às vezes aquele aro parece que está a 1.000 metros de altura e que ele está tentando alcançá-lo usando botas de chumbo.

Mas ele faz os exercícios porque, se não conseguir fazer aquela bola passar pelo aro, tudo desaparece. É uma escolha.

IMPLACÁVEL

Tudo se resume a isso, não importa o que fazemos para viver: Estamos dispostos a tomar a decisão de sermos bem-sucedidos? Vamos nos apegar a essa decisão ou desistir quando as coisas ficarem difíceis? Vamos escolher continuar trabalhando enquanto todos os demais estão nos dizendo para desistir? A dor vem de todas as formas — física, mental e emocional. Você não quer sentir dor? Ou consegue aguentá-la e se apegar ao seu compromisso e à decisão de seguir em frente? A escolha é sua. O resultado está em suas mãos.

Nº 1. Os Limpadores...

... não precisam amar o trabalho, mas são viciados nos resultados.

Um Esfriador nos faz desejar que tivéssemos lhe pagado menos.

Um Fechador pergunta quanto receberá e, então, decide quanto se esforçará.

Um Limpador não pensa no dinheiro; ele apenas faz o trabalho e sabe que seremos gratos pelo privilégio de lhe pagar.

O grande dia finalmente chegou. Sua gravata de US$200 está com um nó perfeito, sua mãe está com um vestido novo e a família inteira está ao seu lado. De repente, alguém sussurra no seu ouvido: "É agora." O comissário está no pódio. "O 11º escolhido..." Você não escuta mais nada. A primeira pessoa que você abraça é seu agente.

Parabéns, esse é o começo do fim de sua carreira.

Você respira? Você pensa: "Consegui. Estou feito para o resto da vida"? Ou pensa: "Tenho muito o que fazer?"

A maioria das pessoas, no dia em que são selecionadas, saem para comemorar. Kobe foi se exercitar na academia.

Chegar ao topo transmite a ideia de que não estávamos lá. Isso se aplica a qualquer negócio; ser contratado não significa que ficaremos com o emprego; ganhar um cliente não significa que ele será nosso para sempre. Parece que a maioria das pessoas entende isso. Uma grande oportunidade se apresenta, e, em geral, as pessoas percebem que agora precisarão fazer por merecer para ganhar o salário, trabalhando cada vez mais duro para provar que o merecem.

Mas no caso de um atleta que ficou rico de uma hora para outra, o dia em que ele assina o contrato pode facilmente ter sido o começo do fim. Ele já está no pedestal. Já recebeu o patrocínio de uma marca de tênis. Além de ser conhecido pelo time no qual joga, ele também é conhecido por sua afiliação à marca. Em vez de trabalhar em seu jogo, ele passa o verão viajando pelo mundo, fazendo propaganda de seu equipamento esportivo. Seu grupo de "amigos" aumentou dez vezes mais do que era há uma semana. Agora ele não sonha mais sobre o que pode fazer pelo jogo, mas sobre o que o jogo pode fazer por ele próprio.

Ele pega o que lhe foi entregue, e esse é o fim.

Estou usando atletas como exemplo, mas sabemos que isso se aplica a qualquer outro tipo de pessoa: o que você recebeu e o que está disposto a conquistar?

Em certo ponto, todos recebemos uma dádiva: talvez tenhamos sido abençoados com talento, herdamos o negócio da família ou alguém apostou em nós e nos deixou entrar. E agora? As portas abrem para os dois lados. Será que a fechamos para a concorrência ou para nós mesmos?

Não há nada errado em receber algo; é aí que o desafio começa. Como várias pessoas com um sonho louco, eu tive a oportunidade, trabalhei duro para desenvolvê-lo e nunca parei de trabalhar para ver quão longe eu poderia levá-lo. Sempre que outras pessoas de meu ramo querem me criticar, elas dizem: "É claro. Ele começou com Michael Jordan. Não é difícil treinar o melhor." Quem acha que "não é difícil" pegar o melhor e buscar maneiras de torná-lo ainda melhor nunca teve que lidar com esse desafio. É fácil fazer com que pessoas medíocres se tornem melhores, mas não é tão fácil fazer com que pessoas excelentes se tornem melhores ainda.

Lei do Limpador: quando fazemos nossa concorrência resmungar que "tivemos sorte", sabemos que estamos fazendo alguma coisa certa.

Não existem atalhos e não existe isso de sorte. As pessoas dizem "boa sorte" em um momento de pressão. Não. Não se trata de sorte. Eu não acredito em sorte. Existem fatos, oportunidades e realidades, e a forma como respondemos a isso determina se seremos bem-sucedidos ou não. Até na loteria não existe isso de sorte: temos um conjunto de números e podemos acertá-los ou não. Quando tudo está em jogo, não queremos ouvir "boa sorte"; isso sugere que não estamos preparados. Quando vamos para uma entrevista de emprego, não precisamos de sorte. Precisamos saber que estamos preparados e que temos tudo sob controle. Não dependemos de eventos aleatórios ou de uma intervenção mística. A sorte se torna uma desculpa conveniente quando as coisas não saem da forma como gostaríamos e um motivo para permanecermos em nossa zona de conforto enquanto esperamos que a sorte dite nosso destino. Não podemos ser implacáveis se estamos dispostos a apostar tudo com base no desconhecido.

TIM S. GROVER

O importante não é o que recebemos, mas o que fazemos depois disso, o que nos concede o privilégio de dizer: "Eu fiz isso sozinho." Se recebemos uma dádiva e decidimos que isso basta, não teremos nenhuma chance — zero — de entender a grandeza ou a excelência. Seremos o oposto de sem limites. Nós mesmos vamos nos impor limites.

Dwyane é o exemplo perfeito de alguém que recebeu apenas talento e usou isso para chegar ao topo. De uma pequena escola em Chicago, que não era conhecida por seu bom programa de basquete, ele mal foi recrutado por algumas faculdades e acabou em Marquette. Ele nem sequer jogou em seu primeiro ano, por motivos acadêmicos. Mas ele sabia o que seria necessário fazer para ter uma chance de se tornar um profissional e lutou para isso. Em 2003, ele foi recrutado pelo Miami Heat, sendo o quinto jogador escolhido depois de LeBron James, Darko Milicic, Carmelo Anthony e Chris Bosh.

É isso mesmo, dos Três Grandes, Dwyane Wade foi o último escolhido.

Ele chegou a Miami sem cartazes, patrocínios megamilionários de tênis ou uma coroa. Ele apenas compareceu e jogou. Três anos mais tarde, ganhou seu primeiro anel do campeonato. Vários anos se passariam até que alguém recrutado depois dele fizesse o mesmo.

Não podemos entender o que significa ser implacável até que tenhamos lutado para conseguir algo que está além de nosso alcance. Vez após vez, assim que tocamos esse algo, ele avança um pouco mais. Mas algo dentro de nós — aquele instinto assassino — faz com que avancemos, nos esticando, até que finalmente o seguramos e lutamos com tudo o que temos para continuar fazendo isso. Qualquer um consegue pegar o que está bem na sua frente. É só quando somos realmente implacáveis que entendemos a determinação de continuar correndo atrás de uma meta que está sempre em movimento.

Sem perguntas. Aqueles que são realmente talentosos chegam ao topo mais rápido que os demais. E daí? Essa é a sua desculpa para não ter metas elevadas? O desafio é permanecer lá, e a maioria das pessoas não tem coragem de se esforçar para conseguir isso. Se queremos fazer parte da elite, precisamos merecer. Todos os dias, em tudo o que fazemos. Fazer por merecer. Provar que merecemos. Fazer sacrifícios.

Sem atalhos. Não podemos lutar com elefantes até termos lutado com porcos, rolado na lama, lidado com as questões sujas que entulham nosso dia a dia, até estarmos prontos para as coisas mais pesadas que virão depois. Não podemos estar preparados para competir e sobreviver a nada se começarmos com os elefantes; não importa quão bons sejam nossos instintos, não teremos o conhecimento básico necessário para reunir nosso arsenal de armas para atacar. Quando estamos cercados por esses elefantes, eles saberão que estarão olhando para um novato desesperado.

Certo verão, eu estava com uns cinquenta caras na academia, um grupo formado por jogadores veteranos e recém-recrutados, incluindo um jovem que nunca havia passado nenhum dia lutando com porcos. Ele havia frequentado boas escolas, com os melhores treinadores, e veio de uma ótima família, a qual se certificou de que ele sempre tivesse tudo de que precisasse. Ele trabalhou duro, mas tudo foi fácil demais, das bolsas de estudo aos troféus, e ele se tornou um grande astro sem passar pelas devidas experiências iniciais. Ele esperava ser recrutado para uma ótima posição e não fazia ideia de como as coisas funcionavam no mundo real, sem a proteção do ambiente da faculdade e o apoio de seus seguidores.

TIM S. GROVER

Ele se tornou um homem marcado a partir do momento em que tocou na bola. Todos os jogadores que estavam na academia naquele dia tinham apenas uma missão: ferrar com esse moleque. Isso não foi legal, mas a competição raramente é. E como nunca havia sido exposto a esse nível de pressão e raiva, ele desabou por completo. Ele não conseguia fazer nada — dos 50 caras que estavam na academia naquele dia, ele se classificou como 51º — e aprendeu do modo mais difícil que não é a capa de uma revista ou um desfile que nos ajuda caso não estejamos preparados.

As pessoas que começam do topo nunca entendem o que perderam nos níveis mais baixos. O cara que começou separando a correspondência, limpando o restaurante tarde da noite ou consertando o equipamento na academia é o cara que sabe como fazer as coisas. Uma vez que tenha se esforçado para subir de nível, ele saberá como tudo funciona, por que funciona dessa forma e é o que ele deve fazer se tudo parar de funcionar. Esse é o cara que terá longevidade, valor e impacto, porque ele sabe o que foi necessário fazer para chegar ao topo. Não podemos dizer que corremos na maratona se começamos pela metade.

A maioria das pessoas procura pelo elevador, em vez de subir pelas escadas — elas querem a rota mais fácil. Elas abandonam os exercícios e a dieta porque são difíceis demais. Elas param de avançar em suas carreiras e em sua vida porque isso dá muito trabalho. Os jogadores se tornam profissionais, mas não querem jogar para treinadores que são duros demais. Eles não conseguem lidar com a ideia de se sentirem desconfortáveis, de modo que procuram um atalho, e quando não encontram um, desistem.

Para todos os movimentos incríveis e momentos inesquecíveis de Michael, ele sabia que nada disso seria possível sem o básico. Os movimentos básicos que ele praticou repetidamente desde que era um garoto tornaram todo o restante possível. Ele não se

IMPLACÁVEL

esforçava para se mostrar, mas para ser consistente, e trabalhava nisso implacavelmente. Os Limpadores não se preocupam com a gratificação instantânea; eles investem no pagamento em longo prazo.

Pergunte-se honestamente: o que você precisaria sacrificar para conseguir o que realmente deseja? Sua vida social? Relacionamentos? Cartões de crédito? Tempo livre? Sono? Agora responda a essa pergunta: o que você está *disposto* a sacrificar? Se essas duas listas não baterem, pelo menos espero que a diferença não seja grande demais.

Independentemente do que faça, se o que você deseja é dinheiro ou atenção, se não está disposto a se esforçar e se comprometer, se está satisfeito só com estar bem, preciso lhe perguntar: por quê?

Bem, isso é o bastante para muitas pessoas. Não estou julgando. Elas não querem a pressão e o estresse, não querem sacrificar seu tempo com os amigos e a família, querem ir a uma festa quando sentem vontade, dormir tarde quando puderem e se levantar e ir dormir com preocupações, responsabilidades e pressão limitadas. Eu entendo. Essa é uma maneira muito mais fácil de viver a vida.

Mas, em geral, essas são as mesmas pessoas que olham ao seu redor, observam outros que são mais bem-sucedidos e dizem: "Não posso acreditar na sorte que esse cara tem. Eu poderia fazer isso se…" Parem! Vocês poderiam fazer isso se… o quê? Se dedicassem mais tempo e esforço? Se se comprometessem em fazer o que quer que seja que esteja funcionando para ele? Se estivessem dispostos a pagar o preço que ele está pagando? O que ele faz que vocês não conseguem fazer?

Foi o que pensei. Você poderia fazer o mesmo e muito mais. Então, o que o está impedindo?

Mesmo que não pudesse fazer do mesmo jeito — e por que deveria? —, por que não está fazendo do seu jeito?

Não tenha inveja de alguém se você teve a mesma oportunidade e a deixou escapar.

Quando foi que o trabalho duro se tornou uma habilidade? Não é necessário talento para trabalhar duro. Todo mundo pode fazer isso. É só comparecer, trabalhar duro e escutar. É preciso disposição para ser dedicado, para se aprimorar e melhorar. Não importa se você é um superastro ou o cara mais fraco do time, todo o mundo pode comparecer, trabalhar duro e escutar. Você está procurando um atalho inexistente ou está pronto para fazer as coisas do jeito certo? Você prefere fácil ou ótimo?

Durante a temporada de 2011–2012 da NBA, que começou com um atraso de dois meses por causa de disputas trabalhistas, vários jogadores sofreram lesões graves. Quase toda a culpa foi atribuída diretamente ao *lockout*, à temporada reduzida, a muitos jogos com pouco descanso. Quando o conflito trabalhista acabou e a liga voltou a trabalhar com exercícios e treinos limitados, todos reclamaram que os jogadores não tiveram tempo para se preparar. As consequências se tornaram óbvias imediatamente: muitos jogadores estavam fora de forma, com um baixo condicionamento físico, despreparados para jogar e em vias de se lesionar, alguns por semanas, e outros durante a temporada inteira.

Mas minha pergunta é a seguinte: por que os jogadores estavam fora de forma, com um baixo condicionamento físico e despreparados para jogar?

É sério? Todos esses meses sentados, esperando o *lockout* terminar... o que mais eles tinham para fazer? Quando nosso corpo é nosso meio de vida, temos apenas um trabalho, e este exige apenas uma coisa: esforçar-se para permanecer no ápice do condicionamento físico. Só isso. Proteger nosso corpo e nossas habi-

IMPLACÁVEL

lidades, ficar e permanecer em forma. Esse é um compromisso para o ano inteiro, não um passatempo. Eles deveriam ser os melhores do mundo, uns dos poucos atletas que têm esse trabalho e não podem se exercitar porque não sabem quando a temporada começará? Quem se importa com quando ela começará? Vão para a academia!

Ainda assim, quando ficou claro que a temporada da NBA começaria tarde — ou sequer começaria —, a maioria dos jogadores treinou menos — ou nada —, decidindo que poderiam começar a trabalhar duro quando fosse necessário. Ouvi isso diversas vezes: eles não queriam pagar os treinadores, não queriam desperdiçar tempo e esforço necessários para chegar a esse nível de preparo. Ótimo. Agora temos alguns dos maiores atletas do mundo se esforçando tanto quanto um cara qualquer da academia do bairro. Talvez menos. "Se soubéssemos quando a temporada começaria..." Parem! Que diferença isso faz? Vocês deveriam estar prontos para jogar, em vez de planejar se esforçar "de verdade" quando a temporada estava pronta para começar. Ninguém pode se preparar para a intensidade de uma temporada inteira da NBA no último minuto, especialmente uma cujo cronograma havia sido comprimido, com pouco espaço para descanso e recuperação. Ah, vocês não sabiam que a programação seria tão apertada? E daí? Vocês deveriam estar prontos de qualquer forma.

Um cara que não pegava atalhos para se preparar para a temporada era Kobe. Dado seu histórico de lesões e sua longa lista de realizações, teria sido fácil para ele tirar o verão de folga, descansar e esperar que a liga resolvesse seus problemas. Em vez disso, ele investiu tempo se exercitando, treinando e se preparando para se tornar melhor do que nunca. Assim, enquanto a maioria dos jogadores estava relaxando com exercícios leves que não faziam nada para prepará-los para os difíceis meses à frente, Kobe e eu

TIM S. GROVER

passamos a maior parte do verão e do outono na academia, dedicando algumas horas todos os dias, em geral duas vezes por dia, às vezes mais.

Quando a temporada finalmente começou, no Natal, enquanto outros jogadores estavam tentando se entender com suas pernas e seus arremessos, ele já estava mental e fisicamente pronto. Nos meses seguintes, ele jogou com: (a) dor no joelho, (b) ligamentos rompidos no pulso, (c) nariz quebrado e (d) uma concussão. Mesmo assim, não perdeu nenhum jogo até ser chutado na canela em um jogo contra os Hornets, em abril, uma lesão que o deixou encostado por sete jogos, obrigou-o a descansar contra sua vontade e acabou lhe custando o título de maior pontuação. Até essa lesão, ele nunca havia pedido para ficar no banco, nunca havia pegado um atalho. Ninguém além de Kobe sabe quanto de dor e desconforto ele teve de suportar, mas o esforço que havia feito compensou; seu corpo lhe permitiu seguir em frente quando a maioria dos atletas teria pedido para se sentar.

Em tudo o que fazemos, não é necessário talento para se esforçar. Basta querer fazer. Eu poderia lhe contar muitas histórias sobre atletas que foram abençoados com incríveis talentos físicos — tamanho, potência, pura excelência atlética — e que acabaram entrando no mundo dos esportes apenas porque seus talentos os levaram a isso. Eles não precisam amar nem gostar do esporte, mas acabaram nesse ramo por serem fisicamente extraordinários. Por causa disso, não sentem nenhuma motivação para fazer mais, porque não desejam resultados. Eles estão felizes por estar lá se houver um desfile no final; mas se não houver, tudo bem também.

Podemos dizer a esses jogadores: "Pela mesma quantia, você pode ir para esse time, mas provavelmente terá que ficar no banco; ou você pode ir para esse outro time e jogar todos os dias, mas primeiro precisará perder 20 quilos e ficar em forma." Sua resposta sempre será: "Vou ser pago de qualquer jeito? Dane-se. Não preciso ficar em forma."

Eu tinha um jogador que se encaixava muito bem onde estava. Eles o amavam tanto, que, quando seu contrato expirou, eles lhe ofereceram US$42 milhões, o que provavelmente eram US$32 milhões a mais do que ele valia. Então outro time lhe ofereceu US$48 milhões. "Por favor", eu lhe disse, "fique onde está. Você não se encaixa no outro time. Eles não saberão como usá-lo. É um erro." É claro que ele aceitou o dinheiro e trocou de time. Esses US$6 milhões, porém, provavelmente lhe custaram, pelo menos, US$20 milhões, porque — surpresa! — não deu certo, e ele acabou saindo do que poderia ter sido uma carreira mais longa e bem-sucedida.

É melhor passar a carreira no banco do time certo e ganhar um belo bônus e um anel. Isso é bom o suficiente, se "bom o suficiente" for o que queremos obter. Podemos ganhar dinheiro sentados. Mas o dinheiro não nos torna mais inteligentes, melhores empresários e, com toda certeza, não nos torna mais bonitos. Na maior parte das vezes, ficar sentados nos torna molengas, complacentes e erroneamente confiantes sobre o futuro. Mas talvez demoremos para perceber isso porque, assim que vemos aquele cifrão, nos tornamos mais poderosos do que jamais teríamos imaginado.

Isso até o dinheiro acabar e a festa terminar; então todos passam para o próximo cara, e não conseguimos fazer ninguém responder às nossas mensagens.

Quando tudo o que fazemos gira em torno do dinheiro, se esse é o resultado que desejamos, o que acontecerá quando ele acabar? Porque ele acabará, quer admitamos isso, quer não. Alguém ganhará mais dinheiro, fará mais e se tornará melhor porque não fizemos nada além de ficar sentados e dizer: "Olhe para mim. Estou rico!"

Todo mundo pode começar alguma coisa. São poucos os que conseguem terminar. As prioridades mudam se não as protegemos e defendemos constantemente. Paramos de nos importar em manter o passo com a concorrência, a menos que estejamos nos referindo à competição de ter mais coisas do que os demais, e em vez de estarmos viciados em construir nossa carreira e nosso legado, nos tornamos viciados em construir casas maiores, mais garagens e em acrescentar mais nomes às listas das festas. Logo, passamos a fazer parte de uma longa lista de zés-ninguém cujo talento está declinando e que acabaram desempregados.

Parte de nos comprometermos com o trabalho duro é saber do que abrimos mão para realizar esse trabalho... aprender a controlar o que nos desvia de nossa missão. Começamos com pouco sucesso, as pessoas começam a perceber que existimos, o que é bom... e talvez comecemos a nos sentir um pouco satisfeitos e privilegiados. Confie em mim: ser privilegiado é um veneno, a menos que saibamos como administrar isso.

Aonde formos, independentemente do que fazemos, sempre haverá distrações. O que estamos dispostos a sacrificar? Todos os anos, no Dia do Trabalho, Michael ignorava tudo o que não tivesse a ver com basquete e treinava. Três exercícios por dia: exercícios, intervalo para o golfe, exercícios, almoço, intervalo para o golfe, exercícios, jantar, cama. Todos os dias. Nada de gravações de comerciais, *tours* promocionais ou eventos. Apenas trabalho, porque ele sabia melhor do que ninguém que as outras coisas eram resultado de seu trabalho duro, e não o contrário. Contratos com marcas de tênis e comerciais não fazem com que nos tornemos ícones. É ser implacável que faz isso. E ser implacável vem apenas por meio do trabalho duro.

Cuide de seu negócio. Quando a carreira de um jogador acaba, eu não me importo se ele quer pesar 180 quilos e ficar deitado o dia inteiro, comendo batatinhas. Mas por enquanto, seu corpo é sua ferramenta de trabalho. É o que lhe permite fazer seu trabalho, assinar um contrato e pagar todas as contas.

Comparecerei preparado para trabalhar todos os dias e espero que ele faça o mesmo. Então espero que me diga, na noite antes de sair, se acordará no dia seguinte não valendo nada, para que eu possa fazer ajustes. Preciso saber se há alguma coisa errada com seu jogo ou se ele bebeu demais e não consegue enxergar direito. Talvez possamos pegar mais leve nesse dia, mas vamos compensar aqui e ali. Quanto mais ele se comunica comigo, melhores serão os resultados que poderei obter dele. Mas apenas a verdade, e ele deve ser direto. "Estou me sentindo terrível hoje." Beleza. Entendi. Não quero uma explicação enorme. Se precisar de mais informações, perguntarei. Se achar que está estragando tudo, lhe direi. De outra forma, basta me mostrar que se importa com sua carreira, e eu farei o mesmo.

Seja profissional. Essa é uma coisa que eu admirava muito em Michael quando ele estava de luto pela morte de seu pai; ele voltou e fez o que precisava fazer em um nível ainda mais elevado. Dwyane teve que lidar com um divórcio difícil e uma batalha pior ainda pela custódia, mas compareceu todos os dias como o profissional que é. **Lei do Limpador**: quando estamos passando por algo doloroso, não nos escondemos. Comparecemos preparados para trabalhar. Enfrentamos as adversidades, as críticas e os julgamentos. Concentramo-nos e atuamos no mais alto nível quando todo o mundo está esperando nos ver tropeçar. Isso é ser profissional.

Negligenciar nosso corpo e nossa habilidade... não é nada profissional. Todos os anos, converso com um gerente-geral ou um agente frustrado com um jovem jogador que está desperdiçando toda sua fortuna porque ele não consegue entender isso. Em

TIM S. GROVER

vez de investir tempo e recursos aprimorando suas habilidades e aperfeiçoando seu condicionamento físico para entrar na liga, ele diz a todos que é muito caro e cansativo treinar o verão inteiro e que precisa de uma temporada de folga para relaxar. Ele dirige um carro de US$150 mil, usa um relógio de diamantes de 10 quilos e uma corrente de ouro que parece uma jiboia no pescoço, mas não quer gastar US$10 mil para garantir que continuará ganhando US$10 milhões? Sinto muito, mas não existe isso de temporada da folga quando realmente queremos vencer. Mas ele poderá curtir essa temporada de folga permanentemente quando for cortado do time.

Trabalhe. Não existe um privilégio maior do que a pressão para ser excelente, e não existe uma recompensa maior do que merecer o respeito e o temor dos outros, que só poderão ficar boquiabertos com os resultados.

Nº1. Os Limpadores...

... preferem ser temidos
a amados.

Um Esfriador guarda suas opiniões para si mesmo.

Um Fechador diz o que acha, mas só pelas nossas costas.

Um Limpador dirá o que acha na nossa cara, quer gostemos disso,
quer não.

Sempre fico intrigado com a interação entre jogadores rivais, em especial quando o ciúme e o amargor competitivo são aparentes em quadra. Como alguém que já assistiu a milhares de horas de jogos de basquete, sei que não estou imaginando coisas quando os jogadores "dão um gelo" em alguém em um All-Star Game ou nas Olimpíadas, ao passo que outros jogadores conspiram para manter a bola longe dele, desconsiderando descaradamente o plano de jogo e o treinador.

Não estamos falando dos Limpadores aqui; um Limpador quer vencer seu oponente enquanto este está no seu ápice, não quando ele está parado em quadra sem a bola. Esse negócio de "dar um gelo" nos outros é o tipo de infantilidade que vemos acontecer entre jogadores mais jovens, que estão começando a sentir orgulho de si mesmos e decidem mostrar ao chefe que a tribo está assumindo o controle.

De certa forma, isso é até engraçado; afinal, encaremos, se fosse para chamarmos a atenção para nós mesmos e nos mostrar, seria inútil fazer isso no All-Star Game ou durante os Jogos Olímpicos, em que a competição é, no máximo, questionável. Se essa é a melhor forma de obter aqueles "oohs!" e "aahs!", que façam o que for preciso.

Mas tenho dó deles se escolherem dar um gelo em um verdadeiro Limpador; este verá o que estão fazendo e nunca se esquecerá disso. Afinal, quando se é o melhor entre os melhores, alguém sempre estará tentando ganhar dele, e ele ama vê-los tentar.

Um Esfriador é apreciado.

Um Fechador é respeitado.

Um Limpador é temido e, consequentemente, respeitado por fazer exatamente o que todos tinham medo que ele fizesse.

Um Limpador se move silenciosamente sob a superfície — ele não causa ondulações, de modo que ninguém sabe o que ele está fazendo. Não podemos vê-lo ou ouvi-lo. Talvez nem saibamos quem ele é. Mas quando ele estiver pronto para nos enfrentar, descobriremos; ele chega como um tsunami, sem avisar. Não fazemos ideia do que está por vir até sermos totalmente abalados, e então será tarde demais para fazermos alguma coisa além de sermos eliminados.

IMPLACÁVEL

Ele não se esforça para fazer com que gostemos dele; ele não se importa com isso. Mas fará todo o possível — e conseguirá — para se certificar de que tenhamos medo dele.

Qual é a sensação de não saber o que está por vir? Ficamos nervosos, distraídos... olhando para trás, imaginando e nos preocupando com o que poderá acontecer. Quando quero deixar alguém preocupado, sussurro algo no ouvido de outra pessoa enquanto ele está olhando. Posso estar apenas sussurrando sobre onde vamos jantar após o jogo, mas agora o primeiro cara está se perguntando o que dissemos, em vez de se concentrar no que deveria estar fazendo. Isso o tira da zona de concentração.

Você quer ser o cara que está se preocupando ou o cara que, silenciosamente, faz com que todos os outros se preocupem?

Isso é o que faz de Kobe um dos maiores de todos os tempos: ele não nos diz o que está pensando ou o que pretende fazer. Ele simplesmente vai e faz o que tem em mente. Ele faz com que os outros tenham medo de seu próximo passo e respeitem sua habilidade de executá-lo.

Quando Dwyane quebrou o nariz de Kobe e lhe causou uma concussão durante o All-Star Game e Kobe queria vê-lo frente a frente antes de ir ao hospital, não se tratava de vingança, retaliação ou de dar o troco. Tratava-se de lei e ordem das selvas — dois animais se enfrentando instintivamente, o rei leão subindo na rocha, para que o restante dos animais visse quem estava no comando. Uma encarada direta e silenciosa que dizia: "Eu ainda estou no comando, seu desgraçado!"

Temor e respeito: deixar com que os outros saibam que estávamos lá por meio de nossas ações, e não de nossas palavras ou emoções. Não precisamos fazer barulho para sermos o foco da atenção. Pense no Poderoso Chefão, um Limpador de classe mundial e o cara mais silencioso do cômodo, rodeado por pessoas que

TIM S. GROVER

estão esperando para ver o que ele fará ou dirá, e ele nunca precisa dizer nada para transmitir sua mensagem.

Ou pense no pai que só encara os filhos; sem dar sermões nem discursos. Basta encarar, dizer uma ou duas palavras e pronto, não é preciso dizer mais nada. Controle total. Isso é o temor e o respeito em ação.

Pessoas barulhentas têm muito o que provar, mas não encontram meios para fazer isso. Um Limpador não precisa anunciar sua presença; sabemos que ele chegou pela maneira como se comporta: sempre tranquilo e confiante. Ele não precisa dizer quão grande é; ele é o cara silencioso que foca os resultados; afinal, isso é tudo o que importa. Um ladrão não entra em uma loja lotada gritando: "Vim para roubar!" Ele entra silenciosamente e executa seu plano sutilmente antes que alguém o perceba. E quando alguém, por fim, percebe que o relógio sumiu, ele já está longe.

Quando as pessoas começam a anunciar o que farão e quão grandes elas serão quando o fizerem, esse é um sinal claro de que ainda estão tentando convencer a si mesmas. Se já sabemos, não precisamos ficar falando sobre isso. O preço de falar não aumenta; é gratuito, e, em geral, recebemos pelo que pagamos.

As Olimpíadas são um exemplo clássico disso. Já estive nas Olimpíadas com vários times de basquete dos EUA; desde os jogos do Dream Team em 1992, em Barcelona, assim como em qualquer esporte, podemos ver a diferença entre os atletas que já estão pensando na fama e na publicidade e aqueles que entendem que é necessário *vencer* um jogo primeiro. As redes e os patrocinadores olímpicos os promovem antes de chegarem aos jogos. Eles vêm cheios de *hype*. Mães, pais, técnicos, treinadores, nutricionistas... todos querem pegar uma carona em sua fama.

Temos pelo menos um atleta que não consegue resistir: ele fala sobre quem vencerá, como vai vencê-lo, como ele treinou para chegar a esse ponto, e então... puf. Ele não consegue fazer o que disse. Ele se concentra nas câmeras, e não em seu jogo.

Tenho certeza de que a maioria das pessoas respeita o nadador Michael Phelps por todas as suas medalhas. Eu o respeito mais pela sua habilidade de deixar que as medalhas falem por ele. Ao passo que outros nadadores prometem vencê-lo no palco e ganhar a medalha de ouro, ele nunca disse nada, nunca deixou transparecer o que estava pensando. Quando teve um início fraco e as pessoas começaram a imaginar se "tinha acabado para ele", ele parou para pensar e se lembrou de por que estava lá e arrasou no restante dos eventos.

É assim que intimidamos os oponentes sem dizer nada.

Michael Jordan tinha a melhor técnica de intimidação que já vi. Não podemos mais fazer isso, mas antes de determinados jogos das eliminatórias, ele entrava no vestiário do outro time falando que tinha um amigo lá e que queria cumprimentá-lo. Quem o conhecia bem sabia que isso era completamente ridículo, porque Michael não se preocupava em cumprimentar ninguém, principalmente antes de um jogo. Mas tente dizer isso para os caras do outro vestiário, que estavam se preparando para jogar. O time inteiro estava lá sentado, pensando em enfrentar o campeão mundial Chicago Bulls... e então entra Michael Jordan. Não interessa há quanto tempo eles jogavam, quando Michael Jordan entrava, eles percebiam. Ele abria a porta, e então o lugar ficava silencioso. Tudo e todos paravam. Podíamos ver todos os olhos seguindo-o, olhando, imaginando e esperando para ver o que ele faria. Ele ficava apenas um minuto, apenas o tempo necessário para apertar a mão de alguém que ele conhecia (ou fingia conhecer) brevemente, um rápido cumprimento com a cabeça para o restante do vestiário, e então saía tão rápido quanto havia entrado.

TIM S. GROVER

Nós o chamávamos de Gato Negro. Ele entrava e saía antes que alguém se desse conta do que aconteceu.

Ele não pensava mais nisso. Mas os jogadores aturdidos que estavam sentados no vestiário não conseguiam pensar em mais nada. Missão cumprida: ele invadia o espaço deles e permanecia na mente deles durante o jogo inteiro. Agora eles não estavam mais pensando no que precisavam fazer. Estavam pensando nele. Em vez de limpar a mente e entrar naquela zona de desempenho tranquila e concentrada, eles estavam perturbados por causa do nº 23. Ele fazia todos os membros do outro time começar a falar sobre quantos pontos o grande Michael Jordan marcaria naquela noite, sobre quantos ele havia marcado na noite anterior, sobre a roupa que estava usando, sobre o carro que ele dirigia etc. Não eram mais seus oponentes. Eram apenas fãs admirados.

Um jogador poderia marcar vinte pontos na noite anterior ao jogo contra os Bulls, mas marcava dois ao chegar em Chicago. E marcava vinte novamente no próximo jogo contra outro time. Não se tratava estritamente da defesa dos Bulls; as habilidades de alguém não desaparecem de um jogo para o outro. O que havia mudado? Apenas seu modo de pensar. Ele estava pensando em jogar contra Michael Jordan.

Onde quer que Michael fosse, havia esse inegável elemento de temor e respeito. Todos sentiam isso. Em todos os jogos ele fazia alguma coisa inesquecível, e ninguém sabia o que seria. Às vezes nem ele mesmo sabia o que faria. Mas fazia todos esperar e imaginar. Ele sempre agraciava o outro time e a multidão com um momento *uau*, e às vezes, com um jogo que era *uau* do início ao fim. Nos anos posteriores à sua carreira, quando não estava mais fazendo enterradas todas as noites, ele ainda enterrava vez por outra, apenas para que todos soubessem que ele ainda conseguia enterrar. Não porque ele precisasse fazer isso, mas porque ele queria deixar o seguinte lembrete ao restante da liga: "Você é próximo." Até quando começou a jogar nos Wizards e todos começaram a dizer que tinha acabado para ele, ele ainda encontrava uma maneira de atingir os outros no coração. *O fato de eu não fazer não quer dizer que não consiga fazer.*

Os Limpadores sempre deixam aquele gostinho de medo para dar às suas próximas vítimas algo no que pensar, para que todos saibam que ele está chegando; essa é a inegável vantagem que dão a si mesmos. Essa foi uma das maiores armas de Tiger, sabendo que o restante do campo estava olhando para trás para ver o que ele estava fazendo, esperando que ele fizesse seu movimento. Todo torneio, toda rodada, todo buraco girava em torno dele; a única coisa que todos — incluindo a concorrência — queriam saber era: "O que Tiger fez?" Mas quando ele se envolveu em escândalos e sofreu lesões, seu jogo deteriorou, e os oponentes pararam de se preocupar com ele. Ele deixou de impor o temor e o respeito que faziam dele uma força irrefreável. Não foram as habilidades dos outros que melhoraram de repente, mas, sim, aquilo no que eles passaram a se concentrar.

Os atletas passam muito tempo trabalhando em sua excelência física e às vezes se esquecem de que o respeito não se resume apenas ao que eles podem fazer fisicamente; eles precisam apresentar um bom desempenho intelectual e mental também. A maneira como agem em todas as áreas de sua vida, sua habilidade de exibir inteligência, classe e autocontrole... essas são as coisas que os distinguem dos outros jogadores.

A vantagem mental é tudo em meu ramo de trabalho. Se tenho um problema com um jogador, não tenho nenhuma chance de vencê-lo fisicamente; eu tenho menos de 1,80m e, talvez, o dobro de sua idade. Mas o resultado será muito pior para ele, porque lidarei com ele no âmbito mental. Não me exercito como eles nem

TIM S. GROVER

preciso fazer isso. Não preciso estar no mesmo nível físico que eles para ajudá-los; para fazer isso, preciso estar acima de seu nível mental. Sempre ouço treinadores jovens falarem sobre suas conquistas atléticas e há quantos anos eles vêm se exercitando. "Ótimo, vocês estão fisicamente em forma. Parabéns! Os atletas que querem treinar também estão e, muito provavelmente, estão mais em forma do que vocês. Vocês conseguem fazer a transição para estarem mentalmente em forma também? Estão aprendendo e estudando mais sobre seu ramo para saberem tudo o que precisam saber ou estão satisfeitos em mostrar o bíceps e esperar que isso seja suficiente para ganhar respeito na academia?" Em qualquer ramo, são poucas as pessoas que fazem essa transição com sucesso. Elas acham que o talento basta. Isso não é verdade.

MJ entendia isso melhor do que qualquer outra pessoa. Ele sabia que as pessoas que iam vê-lo jogar estavam esperando por um espetáculo, e não apenas por um jogo de basquete. Durante esses anos de campeonato, sabíamos que entraríamos no Chicago Stadium ou no novo United Center e teríamos um evento. As pessoas estavam vestidas para serem vistas, chegavam em limousines após jantares grandes e caros, os quais aconteciam cedo, porque ninguém queria perder um minuto do show. Todos os lugares estavam ocupados durante o aquecimento, e toda vez que Michael tocava na bola, os flashes de 20 mil câmeras disparavam. Essas eram as entradas mais difíceis de se conseguir na história do esporte de Chicago, e todas as noites eram como a noite do Oscar. Pessoas que não se interessavam por esportes, pelos Bulls ou por basquete pagavam centenas de dólares para assistir aos jogos dos Bulls apenas por uma razão: para dizer que viram Michael Jordan.

Podemos dizer o mesmo sobre quantos atletas de qualquer esporte hoje em dia?

Embora seu desempenho em quadra certamente fosse o suficiente para lhe granjear o tipo de respeito com que os outros apenas sonhassem, seu verdadeiro desempenho começava cedo no dia e só terminava quando ele voltava à privacidade de seu lar. Ele se certificava de que as entradas do jogo fossem organizadas de modo que ele soubesse onde todos estavam sentados; ele sabia o que seus patrocinadores precisavam que ele fizesse e quem ele devia ver antes e depois do jogo. Ele dava atenção aos mínimos detalhes, desde a gravata que escolhia para aquele dia até se os relógios combinavam com os sapatos. Ele nem sequer usava um relógio; ele usava um *"timepiece"* (termo chique em inglês para relógio). Ele não dirigia um mero carro; ele dirigia um "automóvel" e se recusava a se sentar atrás do volante de qualquer veículo que não tivesse acabado de ser limpo — mesmo se estivesse chovendo e o carro estivesse perfeitamente limpo. Por que ele se importava com isso? Porque ele sabia que a multidão ao redor do estádio estava cheia de pessoas que nunca poderiam pagar uma entrada para vê-lo; assim, essa era a única oportunidade que elas tinham de vê-lo de relance, quando ele estava parado no estacionamento. Para a maioria de seus fãs, esse era o mais perto que poderiam chegar. Ele era o único jogador que podia entrar com o carro diretamente no United Center, mas raramente fazia isso; sempre parava primeiro e saía do carro, para que os fãs pudessem vê-lo. E ele mantinha essa atitude tranquila após os jogos — quer vencesse ou perdesse —, até estar novamente atrás de portas fechadas, na sua casa ou no quarto de hotel, onde ele finalmente podia se sentir livre para parar e relaxar. É aí que o show terminava.

Agora, eu digo aos jogadores para separarem alguns jogos para saírem do carro, deixarem os fãs tirarem algumas fotos, darem alguns autógrafos e voltarem para o carro. Isso leva menos de 30 segundos, mas fará aqueles 20 fãs que os viram se transformar em 200, depois em 2 mil, e logo todos terão uma história sobre como os viram e como eles tocaram suas vidas.

É assim que se ganha respeito. A excelência é tudo. Eles deixam de ser apenas outro atleta bem pago para se tornarem um ato de classe.

Em certa ocasião, eu trabalhava com um jogador que estava indo para as finais e esperava por ele na recepção do hotel do time, para que pudéssemos ir à arena. Eu estava vendo todos os jogadores entrarem no ônibus, e cada um deles tinha a aparência mais desleixada do que outro. Eu não conseguia acreditar. Essa era a final da NBA ou estávamos indo roubar uma loja de bebidas? Se Michael estivesse no time, ele teria tirado todos do ônibus e lhes dito para não voltarem sem terno e gravata. E eles não precisavam de um terno de US$3 mil. Bastava irem até o Walmart e comprar três ternos por US$100 e voltarem parecendo homens, e não crianças que haviam sido expulsas da escola.

Então meu jogador sai do elevador com uma aparência pior do que todos os outros. Esse era o astro do time, um suposto modelo, e estava vestido como se estivéssemos indo lavar o carro. Eu o puxei para um canto, longe da mídia, e lhe disse: "Estamos nas finais. Você batalhou para isso. Está no maior palco do mundo e todos estão olhando para você — os fãs, os patrocinadores, a mídia. Essa é a maior vitrine do mundo na qual alguém pode se exibir. Tudo o que fizer será refletido em você. Que diabos você está pensando?"

Ele respondeu: "Ninguém mais vai vestir um terno. Eu preciso me adequar ao time. Se eu usar um terno, me destacarei." Você provavelmente já sabe disso, mas um Limpador não diria isso.

"Você precisa se adequar? É sério? Eu achava que o objetivo era se destacar. Você deu duro para se tornar excepcional, para se tornar um superastro, para elevar o nível, e agora quer se misturar com os demais? Quando somos o cara no topo, mostramos aos outros como agir, não descemos ao nível dos demais. Exigimos respeito e estabelecemos o padrão, e não ao contrário.

"Você não está aqui para fazer amigos. Está aqui porque é o melhor e não tem medo de deixar isso bem claro. E se isso significa se destacar entre os demais, bom para você. Isso quer dizer que está fazendo alguma coisa certa."

Kobe se destacava quase que literalmente. Ele fazia arremessos sozinho antes do jogo, e nunca na mesma cesta que os outros jogadores. E os outros ficavam longe dele; essa era sua zona de concentração, e eles sabiam disso. Ele poderia escolher se juntar a eles na outra cesta, mas essa era uma escolha dele; eles nunca invadiam seu espaço. Isso significa respeito.

Quando ele lesionou a canela em 2012 e foi obrigado a perder alguns jogos, em vez de ficar sentado no banco vestindo moletom ou com roupa de aquecimento, assim como a maioria dos jogadores lesionados fazem, ele usava um terno magnífico e levava uma prancheta... se não soubéssemos quem ele é, poderíamos confundi-lo com o técnico mais elegante da história da NBA depois de Chuck Daly. É assim que nos destacamos e damos o exemplo. Ele não era apenas um atleta lesionado. Era um profissional.

Não estou dizendo que devemos alienar as pessoas para trabalhar, mas não fique surpreso se acabar fazendo isso. Os Esfriadores são legais; eles compensam suas deficiências sendo agradáveis. Os Limpadores não precisam fazer isso. Eles se destacam de seus colegas destingindo-se por atingir um nível superior. Quando nos concentramos totalmente em uma única coisa — nosso ofício —, é difícil prestar atenção nos outros. Podemos nos importar sinceramente com alguém, mas não pegamos o telefone para averiguar;

e se fizermos isso, geralmente é porque temos um motivo para perguntar. Não temos tempo para papo-furado, almoços ou qualquer outra coisa que possa desviar nossa atenção de nossa única meta. Não nos importamos se as pessoas não gostam de nós. Importamo-nos em conseguir o que queremos. Essa não é uma boa maneira de fazer e manter amigos, mas é a única maneira de ser realmente implacável.

Kobe raramente sai com os membros de seu time. Ele prefere se exercitar ou assistir à gravação de algum jogo. E prefere ter nosso respeito a nossa amizade. O mesmo era verdade para Michael e para Bird. Eles dependiam de seu pequeno círculo de amigos de confiança — não dos membros de seu time —, que não precisavam ser entretidos ou impressionados, pessoas que entendiam seu papel nesse círculo e que compartilhavam a visão de seu amigo sobre sucesso.

Não podemos chegar ao topo sem pisar em algumas pessoas, mas um Limpador sabe pisar sem deixar pegadas, porque nunca sabe quando precisará delas novamente. Ser temido não significa ser um babaca. Quero que aja de um modo que lhe granjeie respeito, não que se exponha como um cretino inseguro que diminui os outros para se sentir melhor. Você conhece caras assim: eles se apoiam em seu ego inflado e se erguem com o ar quente do seu orgulho, deixando apenas o ar parado da derrota para trás. Eles não são Limpadores. São impostores. Talvez consigam enganar algumas pessoas por um tempo, mas quando os resultados são computados, não haverá onde se esconder.

Os Limpadores não fazem grandes anúncios, gabando-se sobre como venceram alguém; eles deixam os resultados falar por eles. Acha que os times ficam felizes quando um jogador me liga no meio da temporada porque eles não encontram outras manei-

IMPLACÁVEL

ras de ajudá-lo? Não. Eu me importo? Não. O resultado fala por si. Vê o anel no seu dedo?

Quero ser notado pela excelência de meu trabalho. Isso é tudo. Quando as pessoas me criticam por ser um babaca ou um cretino — e elas fazem isso —, para mim, isso apenas quer dizer que estou em um nível que elas não conseguem alcançar ou compreender. Isso é medo. Quando os outros precisam lutar contra nós por meio de insultos, significa que nós já vencemos; isso quer dizer que eles não sabem como competir conosco. Agora sabemos que se sentem intimidados e sempre podemos usar isso contra eles. As únicas pessoas que não se intimidam são pessoas como nós... e aí o jogo começa. Vamos ver do que elas são capazes.

Para mim, quando as pessoas dizem que "gostam" de nós, isso não quer dizer nada. "Gostar" é mediano. Isso não deixa nenhum impacto, não transmite calor, nada memorável. É como ser "legal"... é bom. Mas isso está a milhões de quilômetros de respeito, admiração, confiança e de conexão e compreensão instintivas que mostram que estamos em sintonia e temos o mesmo objetivo.

Para mim, o maior elogio que existe é: "Ele é um babaca, mas é o melhor de seu ramo." Obrigado. Não existe um elogio melhor para um Limpador. Mas então é melhor que *sejamos* os melhores em nosso ramo, senão seremos apenas babacas. Você pode provar que é o melhor ou está apenas fingindo?

Lei do Limpador: o mesmo cara que é adorado como um concorrente implacável será o cara que é chamado de "babaca" por todos ao seu redor. E não apenas como qualquer babaca, mas *o* babaca. Pode acontecer de eu dizer a alguém que ele é o maior babaca que já conheci, e imediatamente ele aponta para outro cara e diz: "Ele é o maior babaca." "Não, não é", respondo. "Você não entendeu. Eu estava elogiando você." Encare isso como um sinal de que você está fazendo alguma coisa certa, porque, se realmente nos concentramos em vencer, não nos preocupamos com amizade, compaixão ou lealdade. Não nos preocupamos com o que os outros pensarão de nós. Sabemos o que as pessoas dizem sobre nós, e isso apenas nos motiva. Deixemos que elas nos odeiem; isso apenas mostra sua fraqueza e suas emoções e nos torna mais poderosos. Não precisamos de amigos; nossos amigos precisam de nós. Sabemos em quem confiar... e é melhor que eles não nos deixem na mão.

Nº1. Os Limpadores...

... confiam em poucas pessoas, e elas nunca os deixam na mão.

Os Esfriadores têm medo da verdade porque não podem lidar com ela.

Os Fechadores procuram pela verdade e se aborrecem quando ela não lhes favorece.

Os Limpadores sabem quando estamos mentindo e esperam que a verdade acabe aparecendo, sabendo que poderão lidar com ela independentemente de qual seja.

Há alguns anos, eu estava trabalhando com um astro que tinha uma das mais lendárias comitivas da história de serviços de venda de bebidas alcoólicas em garrafas. Uma comitiva sólida é algo apreciado. Basicamente, temos alguns perdedores sem habilidade, sem treinamento e, em geral, inexperientes do velho bairro

TIM S. GROVER

ou de outra origem, caras que aparecem para festejar e nunca vão embora, que ficam rodeando e esperando por um belo traseiro ou bebidas grátis. Então esses perdedores trazem outros perdedores, apenas para mostrar que sabem festejar de graça. Sempre de graça; afinal, esses vagabundos não têm um tostão.

Meus jogadores sabem que não devem chegar com uma comitiva perto de mim, pois sabem que eu lhes direi: "Me expliquem por que vocês ficarão por aqui nas próximas seis horas enquanto nos exercitamos. Vão ler um livro, lavar o carro, pegar a roupa na lavanderia... desapareçam daqui. Vocês não servem para nada." E, tecnicamente, acho que isso não é verdade; afinal, eles servem para duas coisas: dizer a um superastro como ele é ótimo e agir como puxa-sacos profissionais. Um dia ainda farei camisetas de puxa-sacos profissionais, os parabenizando por sua conquista, e as darei a eles; esses caras usarão qualquer coisa que ganharem de graça.

Até que o superastro se lesione, precise de uma cirurgia ou precise passar alguns meses na reabilitação; então, sua comitiva desaparece da noite para o dia e segue em busca de alguém novo para bancar a festa.

Foi isso o que aconteceu com esse cara. Um dia, ele estava cercado por uma comitiva de gratos puxa-sacos; no outro, tinha apenas a mim e um tanque de gelo ao seu lado. Nenhum bando, ninguém beijando seu traseiro nem lhe dizendo que ele é o cara. Para alguém acostumado a tomar as decisões e a conseguir com que todos façam as coisas do seu jeito, não é fácil abrir mão desse tipo de controle; ele está acostumado a dizer aos treinadores do time o que fará e o que não fará, mas agora deve confiar em mim para tomar essas decisões por ele.

Jogadores de renome podem evitar isso ao lidar com a equipe do time, porque sabem que estão lidando com funcionários que não querem colocar seu trabalho em risco e que, em geral, não têm nenhuma influência sobre os jogadores para obrigá-los a fazer algo que não querem fazer. Os treinadores dos times sempre dizem: "Tentamos fazer do seu jeito, mas ele não obedece." Não, vocês não *conseguiram* fazê-lo obedecer. Se um cara tentar fazer isso comigo, não trabalharemos juntos por um bom tempo. Ele pode arruinar a própria reputação, mas não fará isso com a minha.

Nosso relacionamento deve se basear na confiança; de outra forma, não chegaremos a lugar nenhum. Tenho um protocolo rígido para a reabilitação de determinadas lesões, que funciona. O jogador deve vir até mim com total confiança e seguir minhas regras, senão só estará desperdiçando o seu tempo e o meu. E as regras dizem que ele não deve jogar até que eu saiba que ele está pronto para isso, e eu tomarei essa decisão com base na minha experiência, e não com base em seu ego ou em sua vontade de voltar a jogar.

Esse jogador, porém, achava que sabia mais do que eu porque todos lhe diziam isso. Ele fez uma semana de reabilitação, entrou mancando na minha quadra de basquete e disse que estava pronto para jogar. "Eu conheço meu corpo", ele disse. "Estou bem. Vou jogar."

É mesmo? "Escute", eu lhe disse, "se quiser que isso funcione, você não poderá entrar em uma quadra de basquete pelas próximas três semanas. Você trabalhará nos pesos, na esteira aquática e no que mais pudermos lhe passar até que saibamos que você está pronto, e *então* permitiremos que você volte às quadras aos poucos. Mas eu já havia lhe passado o plano quando começamos, e não nos desviaremos dele."

"Cara, você não pode me impedir de jogar", ele disse.

"Isso é tão importante para você?"

"Sim, é muito importante para mim."

Por um momento, ficamos apenas encarando um ao outro. Veja bem, alguns desses caras são 30 centímetros mais altos do que eu. Eles poderiam me jogar do outro lado da quadra. Mas se alguém fizer isso, é melhor se certificar de que eu esteja morto, porque me levantarei e lidarei com ele de maneiras que nem sequer poderia começar a compreender.

"Beleza", eu disse. "Hoje é seu último dia aqui. Não posso consertá-lo. Eu peço três coisas às pessoas que entram pela minha porta: compareçam, trabalhem duro e escutem. Se você não pode me dar essas três coisas, não posso ajudá-lo. Você está jogando seu dinheiro fora me pagando por um trabalho que não posso fazer." Então o deixei parado sozinho com a bola na mão.

Acredite, eu entendo. A mídia fica no seu pé, tentando descobrir o que está fazendo, seu time está no modo de controle de danos, seu agente está suando, sua família está enlouquecendo, os patrocinadores os querem do outro lado do mundo até o fim do mês, e eles estão pagando cinco casas e sete carros. Todo mundo quer saber que o motor ainda está funcionando. A pressão é grande.

Mas ainda os faço encarar a realidade.

Eu não o vi pelo restante do dia. Naquela noite, ele me ligou: "Está bem. Vamos em frente." Daquele ponto em diante, ele não deixou de comparecer um único dia, trabalhou duro e me escutou.

Esse foi apenas um campeão reconhecendo em quem devia confiar, percebendo que não tinha todas as respostas e entendendo o que estava em risco se ele fingisse que as tinha.

No mundo dos Limpadores, se não somos confiáveis, acabou. Um Limpador pode contar com poucas pessoas, e se somos uma delas, isso quer dizer que merecemos essa confiança. Se não somos, é melhor tomar cuidado. Um Limpador nunca perdoa. Nem esquece.

IMPLACÁVEL

Mas devo ser honesto: devemos tomar cuidado de qualquer maneira, porque, embora possamos confiar que um Limpador fará a sua tarefa, se a tarefa seguinte exigir que ele acabe conosco, isso acontecerá.

Eu nunca disse que os Limpadores eram cidadãos-modelo. Eu disse que eles fazem o que for necessário para obter resultados. Se isso faz com que eles se tornem maus aos nossos olhos, eles conseguem viver com isso. Eles não se importam. Não precisamos gostar deles. Precisamos apenas confiar que terminarão o que começaram.

Se você já é um Limpador, provavelmente está pensando: "Confiança? Conselho? Eu não confio em ninguém e não quero nenhum conselho."

Escute-me mesmo assim. Você precisa disso. E se não for um Limpador, você precisa disso também. Falamos antes sobre confiar em nossos instintos para tomar decisões; grande parte disso é saber em quem confiar — se é que podemos confiar em alguém. Como não importa quem somos, parte do sucesso significa reconhecer as pessoas que podem nos ajudar a chegar aonde queremos, colocando todas nossas melhores apostas em um único lugar. Precisamos nos cercar de pessoas que conseguem trabalhar segundo nosso exigente nível de excelência. Não podemos ser sem limites nem ótimos se não pudermos fazer isso. E, provavelmente, essa é a coisa mais difícil que um Limpador precisa fazer.

Se você é um Limpador, já sabe que, quando as pessoas dizem "É solitário no topo", elas estão falando de você.

Quando trabalhamos duro e por tanto tempo para dominar nosso ofício, aprendendo cada detalhe e nuance de como trabalhar melhor do que qualquer outra pessoa, inventando e reinventando novas maneiras de estabelecer o padrão de excelência para nós mesmos e para os outros, quem poderia nos dar conselhos

TIM S. GROVER

sobre como melhorar? Quem poderia nos ensinar mais do que já sabemos? Quantas pessoas conseguem se identificar com o que realizamos e ainda queremos realizar?

Para os Limpadores, confiar em outras pessoas é o mesmo que abrir mão do controle, e, em geral, isso é difícil para eles. Os Limpadores têm isso em comum: em certo ponto, eles aprenderam que só podiam confiar em si mesmos. Talvez essa tenha sido uma lição que aprenderam durante a infância ou de alguma outra coisa que aconteceu em sua vida que os obrigou a confiar apenas no puro poder de seu instinto. Eles perceberam que, para sobreviver e serem bem-sucedidos, não podiam tirar as mãos do volante. Quando deixamos outra pessoa dirigir, elas controlam aonde iremos e como chegaremos lá. Um Limpador não se senta no banco do passageiro a menos que tenha 100% de confiança no motorista, e uma coisa da qual ele tem certeza é de que existem muitos barbeiros por aí.

Mas a confiança não necessariamente significa abrir mão do controle e permitir a outros que tomem decisões em nosso lugar. Michael insistia em cuidar das próprias responsabilidades. Ele não esperava um segurança, um motorista, um estilista ou um gerente de bilheteria cuidar das coisas; ele mesmo cuidava dos próprios assuntos. Sempre me surpreendo ao ver superastros que não conseguem fazer nada sozinhos; eles jogam todas as suas responsabilidades sobre os outros e, então, ficam surpresos quando não obtêm os resultados que desejavam.

Ainda é nossa responsabilidade nos cercar de pessoas excelentes e nos certificar de que elas são responsáveis, o que é especialmente desafiador quando somos extremamente bem-sucedidos. Todos querem fazer parte da ação. Precisamos tomar cuidado com quem escolhemos manter por perto e quem precisa encontrar outro trabalho.

IMPLACÁVEL

Um Limpador nunca joga suas responsabilidades sobre os outros e diz: "Aqui. Faça isso." Isso seria muito arriscado. Primeiro, ele nos testa, talvez durante quinze minutos ou quinze anos, o tempo que for necessário, observando como trabalhamos, como nos comportamos, decidindo se nossos motivos e métodos se adequam aos seus padrões. Talvez ele não precise de nós por enquanto. Mas, quando precisar, ele vai querer saber quem poderá colocar nesse lugar. Se nos mostramos dignos de confiança, ele entrará em contato conosco. Se não, continuaremos invisíveis para ele.

Um Limpador encara as pessoas como ferramentas, cada uma com qualidades únicas e indispensáveis. Um martelo pode destruir ou construir; nas mãos erradas, uma faca pode nos matar, mas nas mãos de um médico, pode nos curar. Uma chave-inglesa não faz o trabalho de uma broca; ela só faz o que deveria fazer. Somos tão bons quanto as ferramentas que escolhemos e quanto nossa habilidade de usá-las da melhor maneira possível.

Esse é o talento de um Limpador: reunir os melhores recursos possíveis, colocá-los onde devem estar e, se necessário, movê-los em situações específicas em benefício próprio. Os Limpadores são meticulosos sobre colocar as pessoas-chave no seu lugar; demoram para montar o time ideal, mas quando finalmente conseguem reunir todos de que precisam, eles se comprometem a manter esse time intacto. Pense nas pessoas mais bem-sucedidas que você conhece. Elas sabem o que funciona e permanecem com isso enquanto esse esquema estiver funcionando. Os Limpadores raramente mudam algo apenas por mudar. O que acontece quando "agitamos as coisas"? Obtemos resultados aleatórios e imprevisíveis. Quando alguém muda constantemente as pessoas ao seu redor, o problema costuma ser não aqueles que foram substituídos; é muito mais provável que o problema esteja no cara que não consegue descobrir do que ele precisa e o que deseja.

TIM S. GROVER

Vejo muitos atletas que estão sempre mudando de assessores, agentes, gerentes, treinadores ou assistentes; eles cedem à pressão da família para contratar os cunhados para fazerem um trabalho que não conseguem fazer ou decidem economizar algum dinheiro e contratam um velho colega para cuidar da contabilidade. Logo, logo ninguém mais está trabalhando junto. Todos ficam amargurados e irritados. Em vez de aliviarem a pressão dos jogadores, eles não conseguem mais focar o trabalho e empurram todo o restante com a barriga, porque agora também precisam lidar com problemas pessoais. Eu vejo a inevitável bagunça que se segue e penso: "Esse é o seu negócio. O que você está fazendo?" O time inteiro precisa ter apenas um objetivo para que todos possam atingir aquele resultado final juntos; o trabalho não pode se resumir a prioridades individuais. Um bom time analisa tudo: devemos comparecer a esse evento ou cuidar daquela função? Ou precisamos nos exercitar, treinar e ficar mais saudáveis? O Limpador deve poder confiar que todos ao seu redor o apoiarão e que não estão trabalhando com um objetivo individual em mente. Quando somos pessoas nota 10, queremos pessoas nota 10 ao nosso redor, e todos devem assumir a responsabilidade de realizar um trabalho nota 10.

Parte de cuidar da reputação de um Limpador envolve ter a coragem de lhe dizer a verdade, mesmo quando ele não quer ouvi-la.

Quando alguém diz "Preciso estar rodeado de pessoas positivas", eu dou risada. Você sabe o que isso realmente quer dizer? *Quero pessoas que mintam para mim e que façam com que eu me sinta melhor.* Ninguém me contrata para lhe contar lindas mentiras. O meu trabalho é corrigir as pessoas, independentemente das consequências. E se isso me faz parecer frio ou duro, tudo bem para mim. Isso fez com que eu me tornasse muito bom no que faço.

Um jogador tem muitas pessoas para lhe dar conselhos. O que posso lhe dizer que ele realmente escutará? No que ele nunca pensou? O que realmente fará a diferença? Como fazer com que isso seja mais pungente do que as cem outras coisas que ele já ouviu?

Novamente: a verdade é simples.

Às vezes, durante os intervalos, eu me encontrava com Kobe no túnel antes do início do segundo tempo. Eu falava e ele ouvia. Isso levava menos de quinze segundos. O que eu lhe dizia ficava entre nós, mas pode ter certeza de que ele sabia que o que eu dizia era verdade.

Tudo o que fiz com esses caras foi lhes dizer algumas frases ou ideias que os faziam continuar no caminho certo. Só isso. Então eu os deixava entender todo o restante sozinhos. Assim, a ideia acabava sendo deles.

Minha relação com Dwyane foi assim também. Após suas cirurgias simultâneas de joelho e ombro em 2007, eu o mandei de volta para Miami pronto para jogar e permaneci em contato regular com a equipe de treinamento do Heat para me certificar de que ele ainda estava no caminho certo. Certo dia, recebi uma ligação deles: poderia vir até Miami para conversar com Dwyane? É claro. Eu cheguei lá, e a equipe me disse que queria que Dwyane fizesse A, B, C e D. Entendido. Então eu disse: "Deixe-me falar com ele." Sentei-me com Dwyane e falei: "Preciso que você faça A, B e C. Esqueça o D, está bem?" "Está bem", ele respondeu. Fiquei lá por oito minutos. Entrei no avião e voltei para casa. No dia seguinte, eles me ligaram: "Ei, ele fez A, B e C!" Claro que fez. Isso é confiança. Não preciso ser o centro das coisas. Só quero fazer meu trabalho e sair do caminho. Se eu o fizer direito, sempre estarei por perto, mas ninguém me verá.

TIM S. GROVER

A verdade é simples. Ela não precisa de explicações, análises, raciocínio ou desculpas; ela se resume a uma simples declaração que não dá margem para dúvidas. Podemos analisá-la de todos os ângulos, colocá-la contra a luz, virá-la ao contrário, cortá-la ao meio, esmagá-la com um machado... ela ainda será a verdade. Mas pessoas muito bem-sucedidas raramente chegam a ouvir a verdade; elas estão cercadas de assistentes, seguranças, empregados e puxa-sacos profissionais que fazem o que for necessário para conservar seu lugar no círculo de confiança por administrar a verdade, compartilhando opiniões educadas, grandes elogios e, em geral, certificando-se de que o chefe permaneça feliz.

Mas o chefe nem sempre precisa estar feliz. Às vezes ele precisa mesmo de um belo tapão no pé da orelha. Quer ser o cara mais valioso do círculo? Então olhe o Limpador nos olhos e diga-lhe o que todos os demais estão com medo de dizer. Ele pode odiar o que você tem a dizer e odiá-lo por dizer isso, mas um verdadeiro Limpador sabe quando está sendo enganado e quando está sendo corrigido. E posso lhe garantir que, da próxima vez que ele precisar de alguém em quem possa confiar, ele procurará você.

Mas se você espera que eu diga a verdade, é melhor me contar a verdade. Eu já sei a resposta antes mesmo de fazer a pergunta. E continuarei perguntando até que me digam a verdade.

"Você bebeu demais?"

"Não."

"Não bebeu?"

"Não."

"Por que sua aparência é a de quem andou bebendo."

"Não."

"Com que frequência você bebe?"

"Eu não be—"

"Nem precisa responder. Eu já sei. Você precisa do programa de trinta dias. Se não o fizer, sua carreira está acabada. Não quer fazê-lo? Você é quem sabe. Mas você precisa dele."

Só podemos melhorar a situação quando paramos de piorá--la. Nos negócios, nos esportes... não importa. Isso não é pessoal. Todos os anos recebo ligações de treinadores, agentes e gerentes--gerais pedindo minha opinião; eu aprecio o fato de eles valorizarem minha opinião. *Ele pode jogar?* Não. *Mas você viu o que ele fez no...* Não. *Mas se pudermos deixá-lo saudável...* Não. Deixe-me ajudá-lo a economizar bastante dinheiro e poupá-lo da dor e da ansiedade: ele não pode jogar.

Quando a resposta é "não", um Limpador diz "não"; ele não suaviza a mensagem nem a coloca em um pacote bonito. E nada de desculpas nem explicações depois. Explicações são outra maneira de dizer: "Eu não tinha certeza. Então pensei bastante no caso e cheguei a essa conclusão e, agora, tenho certeza. Espero que entenda." Se precisarmos explicar, devemos estar cientes de que estaremos abrindo as portas para discussões adicionais, porque o outro cara verá isso como indecisão e tentará negociar. *Não* é uma porta fechada, sem negociação. Se alguém nos pedir para fazer algo que não queremos fazer e começamos a lhe explicar, ele pedirá de novo e de novo e de novo. Não explique. Não dê desculpas. A verdade se resume a uma frase. Simples e direta. Uma pergunta, uma resposta.

Atingir a excelência significa encontrar essas respostas e não aceitar o que for conveniente ou a rota mais fácil. Significa procurar e aceitar a verdade e nos adaptar conforme a necessidade. Quantas vezes já vimos um jogador que ainda está se recuperando de uma lesão voltar a jogar apenas para se lesionar mais gravemente? Com muita frequência, encontramos casos de treinadores que sabiam o que estavam fazendo e de jogadores que entraram em pânico, não confiaram neles ou preferiram dar ouvidos aos maus conselhos de pessoas que não faziam a menor ideia do que estavam falando. Suas costas estão melhores? Ótimo. E todo o restante ligado às suas costas? Você quer cuidar disso também? Ou deveríamos esperar você se lesionar novamente dentro de duas semanas?

Os atletas vivem cercados por um desfile sem fim de especialistas em tudo; eles têm técnicos, treinadores, médicos, agentes, assessores, esposas, pais e, sim, os puxa-sacos. E todos eles têm uma opinião. Quando um jogador chega até mim, ele já perdeu o contato com seu precioso instinto, e quando lhe digo que consertaremos seu jogo ou remendaremos seu corpo, ele costuma ouvir coisas que ninguém havia lhe dito. Eu tenho meus métodos e sei que eles funcionam. "Deixe comigo", eu lhes digo. Uma decisão difícil para um superatleta que está acostumado a fazer as coisas do seu jeito.

Quer sejamos atletas, empreendedores, CEOs, astros do rock ou estejamos apenas começando na vida, devemos estar a par do que sabemos e do que não sabemos. Na maior parte das vezes, quando pedimos conselhos, não queremos a verdade. Queremos a resposta que estamos procurando. Esteja aberto a conselhos que vão de encontro com o que você deseja.

Lei do Limpador: cerque-se de pessoas que querem vê-lo ser bem-sucedido, que reconhecem o que é necessário para ser bem-sucedido. Pessoas que não correm atrás dos próprios sonhos provavelmente não nos encorajarão a correr atrás dos nossos; elas nos dirão as mesmas coisas negativas que dizem a si mesmas.

Os Limpadores confiam em poucas pessoas; eles quase sempre preferem seguir seus instintos e consertar a situação mais tarde, se estiverem errados, a confiar em alguém e se culpar por não terem ouvido aquela voz interior. Se um Limpador estragar tudo,

IMPLACÁVEL

ele prefere que isso aconteça porque ele fez o que achava ser certo, não porque outra pessoa lhe disse para fazer isso.

Por outro lado, se um Limpador confia em alguém, ele sairá de seu caminho e o deixará fazer seu trabalho sem críticas ou interferências, principalmente se essa pessoa também for um Limpador, porque a única coisa que interessa para ele é o resultado. O Limpador não se importa como a pessoa fará isso, contanto que faça.

Mas ele precisa ganhar sua confiança primeiro.

Michael e Phil eram Limpadores extremos. Michael confiava que Phil o deixaria trabalhar, e Phil confiava que Michael faria seu trabalho. Phil lhe dizia: "Comece a correr em círculos e, então, faça o que precisa fazer, mas pelo menos corra para parecer que estamos fazendo *alguma coisa*. Michael dava algumas voltas e, depois, cuidava do assunto do seu jeito. O resultado? Funcionava.

Mas quando não funciona e os Limpadores seguem em caminhos opostos, eles sabem que ainda não terminou. Seu impulso competitivo é tão forte, que eles nunca param de batalhar pela supremacia. Devemos tomar cuidado com os Limpadores que deixamos soltos; eles voltarão mais fortes do que nunca.

Quando um Esfriador fala, nós duvidamos.

Quando um Fechador fala, nós ouvimos.

Quando um Limpador fala, nós acreditamos.

Um Limpador pode ouvir outros e, ainda assim, tomar as próprias decisões... coletando informações, processando-as e decidindo. Quando Michael e eu começamos a trabalhar juntos, estávamos aprendendo e entendendo como as coisas funcionavam.

TIM S. GROVER

Ele sabia jogar basquete, e eu entendia o funcionamento do corpo humano. Eu não questionava sua autoridade, e ele não questionava a minha. Mas agora sou o professor; eles me pedem conselhos sobre tudo: filhos, o drama bebê-mamãe e como lidar com todos os assuntos imagináveis. Eles confiam em mim. Por quê? Porque lhes dou uma resposta direta. Poucas palavras exercem o efeito de *confie em mim*. Se dizemos isso a alguém, assumimos uma grande responsabilidade, e é melhor que possamos viver à altura dessas palavras. Então, quando alguém vem até mim e diz "Sim, eu fiz isso", essa pessoa sabe que irei ajudá-la. Talvez eu meneie a cabeça primeiro e diga: "Você realmente achou que ia sair impune disso?" Mas vamos encontrar uma maneira de lidar com o problema e minimizar os danos.

Se eu disser algo do qual eles não gostem — o que acontece com frequência —, isso é para o próprio bem deles. Sempre para o seu bem. Se eu tiver que escolher entre ser o babaca que lhes diz que as coisas estão a ponto de dar errado e ser o seu amiguinho que prefere mentir para eles e lhes dizer que tudo é maravilhoso, adivinhe: prefiro ser o babaca que os impede de cair. Eles estão acostumamos a receber uma chuva de rosas, mas eu incluo os espinhos também.

Nº1. Os Limpadores...

... não reconhecem o fracasso; sabem que existe mais de uma maneira de obter o que desejam.

Um Esfriador aceita que não consegue fazer determinadas coisas e desiste.

Um Fechador reconhece que não consegue fazer determinadas coisas, mas continua trabalhando nisso.

Um Limpador está a par do que sabe fazer e continua fazendo isso até decidir fazer alguma outra coisa.

Quando o Chicago Bulls foi derrotado nas eliminatórias da NBA de 1995 pelo Orlando Magic, fiquei sentado com Michael em um escuro United Center até as 3 horas da manhã. Ele havia voltado a jogar basquete há dois meses após sua primeira aposentadoria e breve carreira no beisebol; muita coisa havia acontecido naquele último ano.

TIM S. GROVER

Vestido de terno e gravata, ele olhou ao redor, analisando a nova arena que havia substituído o lendário Chicago Stadium mais cedo naquela temporada, e disse: "Odeio este maldito prédio."

"Você construiu este maldito prédio", eu respondi.

Durante aquela série, alguns dos jogadores do Orlando disseram que ele não se parecia com o velho nº 23. E não parecia mesmo. Ele estava usando o nº 45, não estava pronto e sabia disso melhor do que ninguém. Sua resistência, seus arremessos... não houve tempo suficiente para fazê-lo voltar ao nível de excelência com o qual as pessoas haviam se acostumado.

Como era de se prever, houve muito falatório sobre seu fracasso no beisebol, sobre seu retorno fracassado ao basquete e sobre como ele havia fracassado. "A carreira de Michael Jordan havia acabado", eles diziam.

Como de costume, eles estavam errados. A carreira de um Limpador acaba quando *ele* diz que acabou, e não quando alguém diz que acabou.

De fato, quando alguém diz isso, basicamente é uma garantia do contrário.

No fim daquele jogo, ele mandou uma mensagem para o Magic enquanto todos os jogadores se cumprimentavam e deixavam a quadra: *Aproveitem esta vitória; isso não acontecerá novamente.*

Então ele voltou a usar o nº 23 e liderou o Bulls na temporada seguinte, fazendo-o atingir o recorde de 72 vitórias da NBA e conquistando o primeiro de três outros anéis do campeonato, além dos três que ele já havia ganhado antes de seu "fracasso".

Fracasso? Como podemos fracassar quando nosso pior dia é melhor do que o melhor dia da maioria das pessoas?

Eu não entendo esse conceito de fracasso.

IMPLACÁVEL

Se não somos bem-sucedidos em tudo o que fazemos na primeira tentativa, isso quer dizer que "fracassamos"? O fato de voltarmos e continuarmos trabalhando nisso até sermos bem-sucedidos não é uma coisa boa? Como isso pode ser considerado um fracasso?

O que a maioria das pessoas enxerga como um fracasso, um Limpador enxerga como uma oportunidade de administrar e controlar uma situação, usando-a em seu benefício, fazendo algo que todos diziam ser impossível. Se uma coisa tem 2% de probabilidade de funcionar e 98% de não funcionar, ele assume o risco de 98% apenas para mostrar que aceitou o desafio e fez o que todos diziam que não podia ser feito. Isso pode levar anos e envolver muito trabalho que ninguém nem sequer verá. Mas em algum momento um Limpador dominará a situação e fará com que ela funcione em seu benefício. Ele precisa fazer isso; é a única forma de ele agir. "Isso não funcionou, então vamos tentar assim. Se isso não funcionar, podemos fazer aquilo." Quantos caminhos podemos elaborar? Quantos caminhos diferentes podemos criar para não acabar caindo em uma vala? E se cairmos em uma vala, quantas opções temos para sair dela?

Fico fascinado em ouvir as críticas de Michael como dono e gerente-geral dos Charlotte Bobcats. Após quatro anos como parceiro minoritário, Michael assumiu o controle em 2010 e foi o primeiro ex-jogador a se tornar o dono majoritário de um time da NBA. **Lei do Limpador**: se nosso nome está na porta, é melhor controlar o que acontece por trás dela.

As críticas começaram a surgir imediatamente no que se refere ao mau desempenho do time, questionando se o fracasso dos Bobcats mancharia o legado de Michael. Além disso, as pessoas começaram a compará-lo com outros jogadores que se aventuraram na gestão de times. "Larry Bird! Joe Dumars! Jerry West!"

TIM S. GROVER

Grandes executivos que fizeram grandes coisas com os times com os quais trabalharam. Essa, porém, é a diferença: eles trabalharam para outra pessoa. Michael estava trabalhando para si mesmo. Era o seu dinheiro. Era o seu nome na porta. Existe uma grande diferença entre ser contratado para fazer um trabalho que em algum momento deixaremos — voluntária ou involuntariamente — e ser dono de um negócio, o que nunca nenhum jogador da NBA havia feito. Como seria possível fracassar em algo que nunca havia sido feito se não temos nenhuma medida prévia para calcular o sucesso?

Após a terrível temporada de 2011–2012, ele não culpou ninguém. Ele assumiu total responsabilidade pela situação do time e disse que daria um jeito. O fato de que o melhor jogador do time é também o seu dono provavelmente não ajudou muito. Mas quando Michael diz "Eu nunca quis estar no livro de registros de fracassos", tal como havia dito aos repórteres após a temporada, é melhor acreditar nele.

Vamos simplificar as coisas: fracassamos quando decidimos que fracassamos. Até então, ainda estamos procurando por outras maneiras para chegar aonde queremos.

Isso me lembra de como Derek Jeter respondeu a um repórter que lhe perguntou se os Yankees estavam entrando em pânico durante uma crise no fim da temporada e como Jeter estava lidando com isso: "Eu não entro em pânico. Então não preciso lidar com isso." Um verdadeiro Limpador. Ou o Tight End dos Dallas Cowboys, Jason Witten, que se ofereceu para assinar uma renúncia médica para voltar a jogar com o baço lacerado, indo contra as ordens do médico. É como quando Dwyane recusou-se a se entregar por causa de seu joelho ruim durante as eliminatórias, ou quando Kobe recusou-se a ir para o banco após várias lesões — incluindo uma concussão — que teriam acabado com qualquer

200

IMPLACÁVEL

um. É assim que decidimos que não fracassaremos. Seguimos em frente, sempre procurando por aquela opção inesperada que mantém a situação sob nosso controle.

O sucesso e o fracasso são 100% mentais. A visão de sucesso de uma pessoa pode parecer um completo fracasso para outra. Precisamos estabelecer nossa visão do que significa ser sem limites; não podemos permitir que outra pessoa faça isso por nós. O que nossa intuição nos diz? O que nosso instinto sabe sobre o que deveríamos estar fazendo, como seremos bem-sucedidos e o que faremos para atingir esse objetivo? Como alguém poderia nos dizer o que isso deveria ser?

Quando alguém nos diz que fracassamos, o que essa pessoa realmente está dizendo é: "Se fosse comigo, eu classificaria isso como um fracasso." Bem, nós não somos essa pessoa. E ela obviamente não é um Limpador, porque os Limpadores não admitem o fracasso.

Entendo como é desafiador lutar contra todas as possibilidades enquanto outros estão desejando que fracassemos. Quando construí as instalações do Attack Athletics em Chicago, em 2007, eu já estava no ramo havia quase vinte anos. Eu já havia trabalhado com os melhores atletas do mundo, viajado a vários lugares e visto coisas com as quais outras pessoas apenas sonham, e queria elevar o Attack Athletics ao próximo nível. Todos diziam que eu estava no estágio final de minha evolução como treinador. Mas, para mim, esse era apenas o começo. Construí instalações de treinamento atlético de ponta que trouxeram pessoas de todas as partes do mundo, um lugar o qual nenhum outro treinador individual teria sonhado em construir e conquistar.

Eu tinha certas expectativas e planos, e todos deram frutos; esse novo empreendimento era tudo o que eu queria que fosse. Mas, como qualquer negócio, situações inesperadas me obriga-

TIM S. GROVER

ram a fazer alguns ajustes, e tive que tomar decisões difíceis que poderiam ter alterado o rumo das instalações. Os jogadores que estavam lidando com o *lockout* da NBA não queriam fazer o investimento financeiro em seu treinamento sem ter certeza de que a temporada começaria. Meus maiores clientes — Kobe, Dwyane e muitos outros — compreensivelmente queriam que eu estivesse onde quer que eles estivessem, de modo que eu estava viajando o tempo todo ao redor do mundo enquanto meu prédio ficava em Chicago. Esse é um jeito difícil de gerir um negócio. Assim, não demorou muito para que eu começasse a ouvir as pessoas falando sobre o "fracasso" do Attack Athletics.

O que aconteceu com o prédio foi um imprevisto. Mas obtemos sucesso ao lidar com imprevistos. Aprendemos e nos adaptamos. Quando todos os outros estão dizendo que "fracassamos", comparecemos como um profissional, remapeamos a rota e voltamos a trabalhar. Esse é o progresso do bom-ótimo-sem limites. Ninguém começa sendo sem limites. Cometemos erros, descobrimos o que fazer e confiamos em nós mesmos.

Permita-me lhe dizer o seguinte: o Attack Athletics é quem sou e o que faço, não é um prédio. O prédio envolvia equipamentos, o ambiente e um conceito revolucionário. O Attack Athletics sou eu e minha filosofia de treinamento, e ele vai aonde quer que eu vá. O Attack Athletics é o trabalho que faço ao redor do mundo, e eu trabalho duro para me certificar de que meus clientes e eu não fracassemos no que quer que façamos. Sempre encontramos uma maneira de fazer as coisas darem certo.

Mas quando somos os melhores em algo, pintamos um grande alvo em nossas costas. Quando nossos colegas, amigos e inimigos começam a falar e a atirar pelas nossas costas, podemos ter certeza de que fizemos alguma coisa certa, já que eles se importam

IMPLACÁVEL

tanto conosco, com nosso negócio e se vamos ou não "perder". Perder? O que quer que eu venha a perder, eles nunca tiveram.

Um Limpador nunca vê o fracasso porque, para ele, nunca acaba. Se algo não sai como planejou, ele instintivamente procura opções para fazer as coisas funcionarem de um jeito diferente. Ele não se sente envergonhado ou acanhado, não culpa outras pessoas e não se importa com o que outros dizem sobre sua situação. Nunca é o fim. Nunca acaba.

E ele sabe, sem sombra de dúvidas, que o que quer que aconteça, ele encontrará uma maneira de sair por cima. Se você entrar em uma floresta e me encontrar lutando contra um urso, ajude o urso.

Escolha transformar o "fracasso" em sucesso. Se seu time não venceu um campeonato, se seu negócio está se desfazendo, se você não conquistou algo pelo qual se esforçou, passe para a próxima etapa de sua evolução. Lembre-se de quem você é e de como chegou até aqui. Ouça seu instinto. O que ele está lhe dizendo?

Nunca acaba. Temos opções:

O Esfriador admite a derrota.

O Fechador se esforça mais.

O Limpador desenvolve uma estratégia para obter um resultado diferente.

Admitir a derrota não tem espaço na discussão nem neste livro, porque as palavras *desistir* e *implacável* não podem ser usadas juntas de nenhuma maneira produtiva. As pessoas que admitem a derrota e dizem que não tiveram escolha não levam a sério o sucesso, a excelência ou a si mesmas. Elas dizem que "tentarão" e desistem quando isso não funciona.

"Tentar" uma ova! Tentar é um convite para o fracasso; é apenas outra maneira de dizer: "Se fracassar, a culpa não é minha. Eu tentei."

Você *tentou* dar o seu melhor? Ou você *deu* o seu melhor? Existe uma grande diferença entre essas duas atitudes. "Bem, eu tentei." Está bem, agora diga-me o que você *fez*.

Faça ou não faça.

Faça. Se isso não der certo, faça novamente.

Você fez desse jeito? Daquele jeito? Explorou todas as ideias que surgiram? Poderia fazer mais alguma coisa para fazer as coisas darem certo para você?

Se queremos atingir a excelência, precisamos estar dispostos a fazer sacrifícios. Esse é o preço do sucesso. Nunca saberemos quanto desejamos sucesso até sentirmos pela primeira vez aquele gosto amargo de não sermos bem-sucedidos. E quando isso acontecer, faremos de tudo para tirar esse gosto amargo da boca. Talvez nos tenham mandado para o banco, talvez tenhamos perdido muito dinheiro ou talvez alguém acabou recebendo a promoção que queríamos. Talvez outros desistam, e eles serão os primeiros a nos dizer que também deveríamos desistir. Mas paramos porque queríamos ou porque nos disseram para parar? Ainda há trabalho a ser feito? Ainda sentimos aquela raiva dentro de nós, nos motivando a agir e a fazer as coisas darem certo? Um Fechador seguirá em frente até ser obrigado a parar — lembre-se: ele é chamado de Fechador porque sempre estará no final. Mas uma vez que o fim chega, ele sabe disso. Ele sente isso. Acabou.

Um Limpador não consegue aceitar que acabou. Mas ele reconhece quando é hora de mudar de direção.

Uma das coisas mais difíceis de se fazer é mudar de direção quando estabelecemos metas. Tomamos uma decisão, nos esforçamos, recebemos o retorno... mas, por algum motivo, as coisas não estão indo como havíamos planejado.

Não é fraqueza reconhecer quando é hora de mudar de direção.

Seria fraqueza nos recusarmos a considerar outras opções e fracassarmos em tudo porque não conseguimos nos adaptar a nada.

Isso já aconteceu com todos nós: sabemos que algo não está certo. Talvez não estejamos avançando tão rápido quanto planejamos, não estamos ganhando tanto quando esperávamos ou talvez simplesmente não gostemos do que estamos fazendo ou com quem estamos fazendo. Ou talvez alguns eventos além de nosso controle tenham afetado nossa situação.

É aí que o instinto se torna a ferramenta mais valiosa que poderíamos ter, porque apenas nós podemos decidir se escutaremos o que aquela voz interior está nos dizendo.

Nos esportes profissionais, seria a decisão de se aposentar ou jogar mais uma temporada. Para jovens atletas, seria decidir ficar no banco ou encontrar outro esporte para jogar. Nos negócios, seria a escolha de trocar de carreira ou emprego, ou começar ou vender um negócio. Em qualquer situação, é a coragem e a confiança de saber que é hora de realizar uma mudança.

Apenas pessoas especiais reconhecem que já basta e sabem que é hora de começar a redirecionar seus esforços para algo que pode ser bem-sucedido. Talvez nosso sonho não se realize exatamente da forma como o imaginamos, mas, com criatividade e visão, podemos redirecionar nossas metas para algo que nos mantenha conectados com o que sempre desejamos.

Posso dizem sem hesitar que sou o melhor no que faço. Eu mereci isso. Mas para me tornar o melhor, precisei aprender várias lições sobre sempre estar preparado para mudar de direção e recusar a me deixar levar pelas opiniões de outras pessoas sobre o que significa ser bem-sucedido ou fracassar.

A primeira vez que aprendi essa lição, eu era um jogador de basquete da University of Illinois, Chicago, com grandes sonhos e um LCA rompido. Uma reabilitação meia-boca resultou em problemas de quadril, de perna e em mais problemas de joelho. Tenho mais problemas ortopédicos do que você poderia imaginar. Naquela época, eu não fazia ideia de que minha maior fraqueza se tornaria minha maior vantagem, que passar por todos os tipos possíveis de lesões e cirurgias me permitiria ajudar outros a lidar com os mesmos problemas, só que no nível da elite.

Eu era um bom jogador, mas não estava no nível da NBA. Eu apenas não estava pronto para admitir isso. Quando sofri minha primeira lesão, tudo o que eu queria era jogar basquete. Não sou a pessoa mais religiosa que existe, mas, para mim, o rompimento do meu LCA era uma mensagem que dizia: "Escute, você está gastando tempo demais para ser bem-sucedido nesse jogo. Isso não vai acontecer. Então vamos esculhambar seu joelho para que você possa se concentrar no que realmente deveria fazer com a sua vida e entrar o mais rápido possível no caminho certo."

Mas eu não estava pronto para aceitar um final diferente para meu sonho. Continuei jogando, usando um grande suporte no meu joelho lesionado e tentando lidar com os resultados de minha lesão e de minha desastrosa reabilitação.

Então, certo dia, o ponto de virada: eu estava jogando em um torneio e esse menino que eu nem sequer conhecia veio até mim e disse: "Eu me lembro de quando você jogava bem."

Ah!

Entendi.

Foi isso que me despertou, era o que eu precisava ouvir para perceber que estava forçando uma situação que não tinha chance

IMPLACÁVEL

de sucesso. Não foi o comentário do menino; ele só estava me dizendo o que eu já sabia. Eu apenas não havia aceitado isso ainda. Depois disso, joguei apenas um jogo para descontrair e pronto.

Era hora de encontrar um novo final para meu sonho.

Aprender. Adaptar-se. Eu percebi que, se meu corpo danificado não conseguia mais me ajudar a jogar basquete, eu usaria o que aprendi e encontraria uma maneira de transformar isso em algo positivo. E já conseguia visualizar o que isso seria: eu não queria trabalhar para um time. Queria trabalhar para mim mesmo, pegar alguém do basquete e fazer com que essa pessoa se tornasse melhor do que antes. Era assim que eu deixaria a minha marca na NBA.

Acho que funcionou.

É claro que demorei um pouco mais para descobrir como esse sonho, de fato, ganharia forma. Eu ainda estava correndo atrás de Brad Sellers e do restante dos jogadores do Bulls, escrevendo-lhes cartas e oferecendo meus serviços de treinamento. Ninguém respondeu. Supus que as probabilidades de Michael Jordan querer contratar um treinador eram ínfimas, em especial um que nunca havia treinado um atleta profissional. Por isso, nunca entrei em contato com ele.

Foi assim que aprendi: Não tente. *Faça.*

Atualmente, ensino os melhores dos melhores a cuidar do corpo porque, quando me deparo com um obstáculo, recuso a enxergar minha situação como um fracasso. Pegamos o que todos os demais enxergam como algo negativo e transformamos isso em algo que nos beneficia. Não fazemos beicinho, não nos curvamos e aceitamos a morte. Encaramos o problema e pensamos: "Se não dará certo desse jeito, com certeza dará certo daquele outro jeito." E dizemos "Deixe comigo" a qualquer pessoa que duvide de nós.

TIM S. GROVER

Só não devemos esperar que todos entendam ou concordem com nosso novo plano. A maioria das pessoas se contenta em ficar com o que é seguro ou tem medo demais de deixar uma situação ruim e joga todo esse medo e dúvida em nós. Elas antecipam o fracasso; nós antecipamos a oportunidade. Quando decidi entrar nesse meio, todos disseram: "Ah, um professor de academia." Não. "*Personal trainer*?" Não. Não sou um *personal trainer*. Um *personal trainer* fica conosco na academia durante uma hora, nos ajuda com os exercícios e nos encontra da próxima vez que quisermos nos encontrar. Eu trabalho para meus clientes 7 dias por semana, 365 dias por ano e 24 horas por dia. Se eles precisarem de mim, estarei lá. Pode me chamar de arquiteto ou de especialista atlético. Um arquiteto constrói um prédio; eu construo um corpo de dentro para fora. Como reconstruo esse ombro? Como posso estruturar esse físico para que ele se torne mais forte, durável e mais poderoso do que antes? Sou um arquiteto físico, responsável por cada fibra da mente e do corpo que me é confiado.

Tudo porque "fracassei" como jogador de basquete.

Para mim, o sucesso não gira em torno de quanto dinheiro ganhamos; nunca gira em torno disso. Sucesso é fazer coisas que ninguém mais consegue fazer.

Há alguns anos, passei o verão com Robbie Hummel, que estava jogando para a Purdue, um ótimo rapaz que havia acabado de romper seu LCA pela segunda vez em oito meses. Na primeira vez, em 2010, ele estava no terceiro ano, com apenas oito jogos faltando para acabar a temporada, e já era considerado um dos maiores jogadores do país. Determinado a voltar a jogar, ele fez uma cirurgia e reabilitação com treinadores da escola e voltou aos Boilermakers na temporada seguinte, no seu quarto ano, pronto para jogar.

IMPLACÁVEL

No primeiro treino do time, ele rompeu o LCA novamente. Ele estava fora da temporada, talvez para sempre.

Duas cirurgias em oito meses? Recuperar-se de uma lesão dupla de LCA? Isso seria muito trabalho para um resultado incerto. Estavam dizendo que a promissora carreira desse norte-americano de 2,03m havia acabado. Foi então que seu pai me ligou. Será que eu poderia ajudá-lo a voltar à sua forma física para que ele tivesse mais uma oportunidade em seu quinto ano?

Não conheço mais ninguém em meu ramo que tenha feito uma reabilitação bem-sucedida de uma lesão dupla do LCA, mas Robbie seria o meu terceiro. Eu sabia o que precisaríamos fazer por ele; seriam necessários meses de comprometimento e séria resiliência mental. A escolha era dele.

Durante sete meses, ele trabalhou na reabilitação cinco dias por semana, duas vezes por dia, nas instalações do Attack Athletics, em Chicago, e na escola, em Valparaiso. Ele dirigia uma hora de ida e de volta para nos ver, e acho que ficou um tanto abismado com a rapidez e a intensidade com a qual o colocamos para trabalhar. "No primeiro dia, achei que eles só conversariam comigo e anotariam meu peso e altura", ele disse aos repórteres. "Após uma hora, eu já estava vomitando em uma lixeira."

Nossa meta era fazer com que ele tivesse recuperado totalmente as forças até o início do jogo da Big Ten Conference da temporada de 2011–2012. As pessoas diziam que isso era impossível. Seu cirurgião o havia liberado para jogar, mas ele ainda tinha um teste para passar antes que eu pudesse liberá-lo — o salto de 1,20m no lugar e, depois, para cima. O mesmo teste que dou a todos os outros caras após uma reabilitação de joelho/tornozelo/quadril. O dia em que ele finalmente passou no teste foi quando disse adeus e o mandei de volta para a escola, pronto para jogar. Nosso trabalho havia terminado, e esse era apenas o começo.

TIM S. GROVER

Ele não só havia voltado para o jogo melhor do que nunca; ele voltou para fazer parte do Primeiro Time do All-Big Ten pela terceira vez em sua carreira, estando entre os 10 melhores em pontuação, rebotes, bloqueios, cestas de 3 pontos e lances livres. Em sua última participação no torneio da NCAA, ele dominou com 26 pontos, incluindo 5 cestas de 3 pontos, em uma derrota acirrada contra o Kansas. Nessa época, não estávamos mais trabalhando juntos, mas fiquei feliz por saber que ele havia sido recrutado no segundo turno do recrutamento da NBA e, então, foi para a Espanha para dar início à sua carreira profissional.

Onde ele imediatamente rompeu o menisco.

Mais cirurgias, mais trabalho, mais comprometimento.

Vários caras desistiriam. Ele seguiu em frente.

É tudo uma questão de escolha. Digo tudo aos meus atletas desde o início e os deixo decidir se continuarão lutando ou se desistirão. Tracy McGrady estava passando por um processo de 18 meses de reabilitação do seu joelho e precisava tomar uma decisão difícil: ele abriria mão de 2 anos de carreira para chegar aos 40 ou 50 anos com um joelho perfeito... ou estaria disposto a seguir em frente durante toda sua carreira e lidaria com os problemas restantes quando acabasse de jogar? Eu não podia tomar essa decisão por ele. Mas ninguém nunca escolhe a reabilitação mais demorada.

Nesses casos, dou-lhes escolhas, e os atletas precisam decidir o que farão. Podemos ser bons jogando com segurança. Mas não podemos ser implacáveis, a menos que estejamos dispostos a arriscar. A segurança nos torna bons. O risco nos torna ótimos.

Gilbert Arenas foi outro que decidiu arriscar com seu corpo. Eu lhe disse: "Você tem cerca de 100° de flexão no seu joelho. Daqui a 3 anos, você terá cerca de 90°. Daqui a 7 anos, talvez 75°." Gil perguntou: "De quanta flexão preciso para jogar?" "Cerca de 45°", respondi. "Tudo bem para mim", ele disse. Sabíamos que podíamos fazer Gilbert voltar aos 100% porque qualquer pessoa que está disposta a fazer suas malas e se mudar para Chicago para passar três meses sendo torturado por mim já tem o modo certo de pensar.

Essas grandes decisões acabam por determinar o sucesso ou o fracasso deles. Em quem eles confiam? Os médicos precisam lhes dar sua opinião profissional para uma recuperação total. Eles tratarão os sintomas; eu vou direto na causa. Os times e os patrocinadores querem que seus jogadores estejam em quadra o mais rápido possível. Os agentes estão pensando em como administrar a situação para assinarem o próximo contrato. Eu apenas analiso os danos, converso com todo o mundo e apresento as opções ao jogador. "Se fizer isso, conseguirá isso; se fizer aquilo, conseguirá aquilo. Foi isso o que causou a lesão. É isso o que faremos para que isso não aconteça novamente. A opção é sua."

Ter a confiança de outros para tomar essas decisões arriscadas e o que muda vidas é o que me faz sentir bem-sucedido. O dinheiro é bom, mas é melhor ajudar alguém que não tem muito tempo sobrando para se mostrar excelente em algo. Eu amo caras como Juwan Howard, que entrou na liga em 1994 e que, por cerca de 20 anos, trabalhou o ano todo para ter a oportunidade de ganhar um anel, o que finalmente aconteceu em 2012, com o Heat. Você sabe como é trabalhoso permanecer em forma e continuar jogando nesses times quando se tem quase 40 anos só porque nos recusamos e ir embora sem o prêmio? Esse é um cara que se recusa a aceitar a derrota e voltou para casa como um vencedor.

Com atletas, devemos considerar que, a cada dia que passa, eles estão mais perto do fim de suas carreiras, mais próximo da decisão de se afastar ou se esforçar mais. Como posso aprimorar o tempo que lhes resta, para que possam ser bem-sucedidos? É dessa forma que encaro meu sucesso.

Todos eles querem que isso dure para sempre e enxergam o fim de suas carreiras como um tipo de perda. Mas não precisa ser assim, se eles montarem o quebra-cabeças com antecedência. Já tive essa conversa várias vezes com caras que estavam se aproximando do fim da carreira: dentro de um ano, eles se tornariam irrelevantes. Eles teriam seu legado como jogadores, mas o que isso significaria para eles quando se levantassem de manhã sem ter nada para fazer? Eles deviam descobrir isso agora, antes de se tornarem mais um ex-jogador em busca de atenção. Os seus tênis não durarão para sempre, e apenas alguns deles poderão se tornar técnicos ou se sentar na cabine de transmissão. Qual é seu plano? Como fazer com que sua grande carreira se torne algo ainda maior, de modo a se tornar sem limites nos próximos anos? Faça isso agora, porque, se você esperar demais, essas outras opções podem começar a desaparecer. Outras pessoas estão atrás das mesmas ideias e estão passando na sua frente enquanto você se apega a essa velharia que não está mais funcionando.

Um Limpador sabe quando se afastar e qual direção escolher. Ele não corre. Ele caminha. E se afasta lentamente e nos próprios termos. Ele pode perder uma batalha porque ainda está planejando como vencer a guerra. Perca um jogo, mas vença a temporada. Perca uma temporada, volte e vença as três seguintes. Perca um emprego e comece um novo negócio. Ninguém será o juiz do seu sucesso.

Nº1. Os Limpadores...

... não celebram suas conquistas porque sempre querem mais.

Um Esfriador é o primeiro a chegar na celebração e o último a ir embora.

Um Fechador apenas comparece e, então, vai embora com a própria turma.

Um Limpador simplesmente quer voltar a trabalhar.

Não estou aqui para o desfile. Quando meu cliente acordar no dia seguinte encharcado de suor por causa da festa e com a camiseta molhada de champanhe da vitória, eu já estarei longe.

Vamos nos encontrar por alguns minutos quando tudo estiver terminado e pronto.

"Tudo bem?"

"Tudo."

Pronto.

Próximo.

As palavras favoritas de um Limpador.

Sempre temos mais trabalho para fazer. E mais para provar.

Sempre mais para provar.

Vamos deixar todo mundo celebrar. Ainda não estamos satisfeitos.

Se ganhamos em seis, ficamos decepcionados por não ter ganhado em cinco. Se conseguimos levantar 88kg no supino, por que não 90kg? Se fechamos um negócio por US$1 milhão, ficamos imaginando se teríamos conseguido fazer o mesmo por US$1,2 milhão.

Nunca satisfeitos.

Nas raras ocasiões em que temos vontade de celebrar, fazemos isso brevemente e em particular, um momento que não compartilhamos com ninguém, porque ninguém poderia entender o que tivemos que fazer para chegar até esse ponto. Os outros podem celebrar porque tornamos isso possível. Eles talvez não percebam isso, mas nós percebemos.

Tudo o que realizamos, tudo pelo que trabalhamos, não fizemos nada disso pela celebração nem por outra pessoa. Fizemos isso para obter aquele fantástico momento, aquela onda eletrizante e poderosa de satisfação com a qual todos sonham, mas poucos chegam a experimentar.

No entanto, assim que a experimentamos, seu efeito já está passando, e tudo no que podemos pensar é em fazer o que for necessário para consegui-la novamente.

É uma sensação momentânea de *"Já basta"*, seguida por uma profunda e intensa onda de *"Mais"*.

Um Limpador conhece a silenciosa melancolia da vitória. Enquanto todos estão curtindo a vitória, ele aguarda pela iminente decepção, pelo incessante lembrete de que a glória já está no passado e que um novo desafio está à sua frente, um desafio maior, mais difícil e mais exaustivo do que qualquer outra coisa que ele já realizou.

Se quisermos encontrar o Limpador em uma festa de vitória, basta procurar pelo cara que está em um canto, sozinho, observando todo mundo. Ele fica feliz por eles, porque podem ir para casa com a sensação de que seu trabalho terminou. O seu, porém, sempre está apenas começando. Ele já está pensando no próximo passo, no próximo risco, na próxima vítima. Observe Pat Riley da próxima vez em que ele conquistar o título; ninguém terá uma atitude mais controlada do que ele na celebração. Ele sabe muito bem o que teve que fazer para chegar lá e o que é necessário fazer para permanecer lá.

Um verdadeiro Limpador atinge o fundo do poço depois de chegar ao seu ápice. Ele fica em êxtase total durante 5 minutos. Durante as 24 horas seguintes, ele fica relativamente feliz. Depois disso... o quê?

De volta ao trabalho.

Todos lhe dizem que ele fez um ótimo trabalho, e ele sabe que isso é verdade. Mas sua aprovação não significa nada para ele; afinal, os padrões que estabelece para si mesmo são muito mais altos do que qualquer outra pessoa poderia estabelecer para ele. Vencer ou perder; tudo no que ele consegue pensar é em como poderia ter sido melhor, mais tranquilo, mais rápido ou diferente de alguma forma, em comparação com o que fez. Ele fez o trabalho, mas continua pensando em como poderia ter feito mais.

TIM S. GROVER

Essa é a busca implacável pela excelência, sempre acreditando na sua habilidade, exigindo mais de si mesmo do que qualquer outra pessoa exigiria dele.

Vencer é um vício. O grande Vince Lombardi disse certa vez: "Vencer é um hábito." Isso é verdade, mas acho que é um hábito que se torna um vício. Não podemos entender isso até sentir o gostinho, e então podemos ficar o resto da vida desejando mais. Sentimos isso no nosso íntimo, na dor constante do nosso lado obscuro, implorando pela vitória. Quando estamos sozinhos na zona de concentração, ignoramos tudo, com exceção da constante fome de sucesso. Toda escolha que fazemos, todo sacrifício, todo momento que passamos sozinhos nos preparando, aprendendo e sonhando... tudo isso para satisfazer nosso vício.

E se você já sentiu a necessidade de questionar por que precisa se esforçar tanto ou se perguntou se isso vale a pena... é melhor desistir. Você não entende.

É difícil descrever a grandiosidade da vitória quando combinamos isso com a ideia de que, para repetir a experiência, precisaremos começar tudo novamente, passar pelo processo inteiro e nos esforçar ainda mais por um resultado incerto. Quando comecei a trabalhar com Kobe, Juwan Howard foi até ele após um jogo para lhe dizer que estava trabalhando comigo há um bom tempo, e eles conversaram sobre como o ajudei com sua longevidade. Então perguntei a Kobe por mais quantos anos ele gostaria de jogar.

"Até eu ganhar o número seis", Kobe respondeu.

Ele não respondeu em anos, que foi o que Juwan perguntou, e ele não respondeu com uma idade ou um tempo de contrato, que é como a maioria dos jogadores aborda essa questão. Ele respondeu em anéis. Ele já tinha três até então. Ganhou mais dois nas temporadas seguintes. Enquanto escrevo este livro, ele precisa de mais um para atingir sua meta. Ou mais dois, se eu puder opinar sobre isso.

Esse é o vício. Os outros pensam em quantos anos eles ainda têm de contrato ou em quantas temporadas seus corpos desgastados ainda aguentam. Os grandes nem sequer pensam nisso de maneira consciente. Eles têm apenas uma resposta automática: vencer. Eles não ficam pensando se ou quando atingirão o teto. Para eles, não existe um teto. Eles seguem em frente e param nos seus próprios termos — quando desejarem, e não quando alguém lhes diz que devem parar.

Há alguns anos, eu estava trabalhando com um jogador que estava tentando voltar a jogar após uma cirurgia. Ele me disse: "Eu só quero melhorar para chegar ao nível dos demais."

Isso chamou minha atenção. "Repita isso, por favor", eu disse.

"Eu só quero chegar ao nível dos demais."

"Defina *ao nível dos demais*", eu lhe pedi.

"Quero dar o troco em todos aqueles que disseram que eu não conseguiria."

"Você sabe o que *ao nível dos demais* significa?", perguntei. "Significa que você é igual a eles. Igualzinho. Está lado a lado." Silêncio. "Você realmente quer chegar ao nível dos demais ou prefere estar acima deles? Por que ficar no mesmo nível de alguém quando podemos ir além deles? No jogo de basquete, só ficamos ao lado de alguém para passar por ele. Jogue este jogo da mesma maneira. Você quer vencer. Não se satisfaça com um empate."

Ele entendeu. Não são todos que entendem. Pense naquelas pessoas que sabemos que são tão talentosas, bem-dotadas e capazes, mas que, ainda assim, não sabem como avançar, como se houvesse uma tampa invisível sobre eles. A maioria das pessoas se limita dessa forma, seja pelo que os outros lhes dizem ou pelo

TIM S. GROVER

que pensam de si mesmas, e decidem que se contentarão com o que quer que esteja sob essa tampa. Meu trabalho é ajudar as pessoas a tirarem essa tampa. Em tudo o que faço, quero ajudar as pessoas a se tornarem melhores e mais fortes do que da última vez em que fizeram algo. Quando um jogador vem até mim e me diz "Conseguirei fazer um triplo-duplo hoje à noite" e consegue realizar o triplo-duplo, fazendo com que todos fiquem animados, tudo no que consigo pensar é: "Por que você não conseguiu fazer isso da última vez?"

Um Limpador age para agradar a si mesmo, e todos saem ganhando. O que quer que faça para atingir suas metas internamente, ele transfere isso para a parte externa. Quando ele consegue o que deseja, todos se beneficiam. Se ele é o chefe e sua empresa obtém um grande lucro porque ele trabalhou o dia inteiro para fazer um bom negócio, seus funcionários saem ganhando. Ele é o cara que acerta o arremesso da vitória porque praticou esse arremesso mil vezes todo santo dia; agora os membros de seu time podem ir para casa como vencedores. Mas eles celebrarão; ele não, porque estará analisando a folha de estatísticas, passando os olhos pelas coisas positivas e indo direto para as negativas. "Trinta pontos, dez assistências... Droga! Dois *turnovers*." E é só disso de que ele se lembrará: "Ah, a noite em que tive dois *turnovers*." Ele pode ter tido um desempenho quase perfeito no jogo, mas, para ele, não foi perfeito o suficiente.

O desejo de eliminar esse espaço entre o quase perfeito e o perfeito é a diferença entre o ótimo e o sem limites. Não conseguimos eliminar aquela sensação incômoda de nunca estarmos satisfeitos com nossos resultados; sempre acreditamos que poderíamos ter feito melhor, e não vamos parar até provarmos isso. Essa é a maneira ideal de viver? Não sei. O que posso dizer com certeza é que não é fácil. Esperamos que nossa família e nossos amigos acabem entendendo. Talvez não entendam. Nossa vida inteira é basicamente dedicada a uma meta, excluindo-se todo o restante. Quer estejamos focados nos negócios, nos esportes, nos relacionamentos, o que for, precisamos estar comprometidos a ponto de dizer: "Farei isso. Sacrificarei o que for necessário para fazer isso. Não me importo com o que os outros talvez pensem. E se houver consequências que afetem outras partes da minha vida, lidarei com elas quando precisar."

Kobe é assim: tudo o que ele faz gira em torno da excelência. Tudo. Nada mais importa. Sempre ouvimos as pessoas dizerem "Farei o que for necessário!", mas ele realmente vive à altura dessas palavras. Cada detalhe de sua vida, cada hora de sua vida, os períodos solitários que ele passa na academia, as pessoas que ele procura para ajudá-lo a manter essa excelência, tudo gira em torno de estar no topo e permanecer lá. É por isso que trabalhamos tão bem juntos; nós dois nos concentramos apenas em uma coisa: compartilhamos o vício na vitória. E tudo o que fazemos gira em torno desse único objetivo.

Mas quando nunca estamos satisfeitos, a vida pode ser solitária. As pessoas acham que o sucesso fará com que tenham uma vida feliz; mas quando experimentamos o sucesso, a sensação pode ser diferente do que imaginávamos. Teremos o que queríamos, mas é melhor estarmos preparados para a possibilidade de ficarmos sozinhos porque tivemos a coragem de trilhar um caminho impopular e chegamos a extremos que outros nem sequer entendem. Por fim, temos tudo com o que havíamos sonhado, mas agora nossa suspeita foi confirmada: ninguém mais entende aquilo pelo que passamos ou o que fizemos para chegar até lá.

Para mim, nunca estar satisfeito significa estar preparado para qualquer situação, pronto para se adaptar perfeitamente, sem pânico nem afobação. Significa analisar cada detalhe, prestar aten-

TIM S. GROVER

ção meticulosa às coisas que ninguém mais percebe. Não preciso ver a bola passar pela cesta. Pelo arremesso, já posso saber se ela vai entrar. Esse é meu trabalho, mostrar a um jogador por que seu pulso precisa estar aqui e seu cotovelo precisa estar lá, por que esse arremesso não está funcionando e por que aquele é perfeito. Eu mostro aos meus jogadores como tudo funciona em conjunto, e eles ficam de boca aberta. Isso é o que me distingue de qualquer outro: eu nunca desconsidero os detalhes e me certifico de que os meus jogadores façam o mesmo.

Mas viver e trabalhar dessa forma tem seu preço, e um dos maiores desafios com o qual temos que lidar ao trabalhar com pessoas altamente competitivas é o *burnout*. Ganhamos o prêmio, o dinheiro e a glória... poderia ser bastante tentador nos deitar-mos e deixarmos outra pessoa cuidar das coisas por um tempo. A pressão, as avaliações, a tensão em nossa vida pessoal — isso afeta todo mundo. Se trabalhamos com outra coisa que não seja esportes, temos opções. Podemos trocar de emprego, de carreira, tirar um período sabático, voltar à escola ou aprender sobre uma nova parte de nosso negócio. Nos esportes? Esqueça! A menos que sejamos tão talentosos e habilidosos que possamos nos dar ao luxo de tirar um tempo de folga, assim como Michael, que foi jogar beisebol. Para mim, foi isso o que fez com que ele se tornas-se o maior de todos: ele conseguia controlar o tempo enquanto estava na zona de concentração, e ele sempre estava nela. Ele saiu e voltou, refinou suas habilidades no basquete e parecia que nada havia mudado. Em outros casos, porém, os atletas não têm o luxo do tempo; eles têm apenas alguns poucos anos para deixarem sua marca, e tudo acaba para eles antes de atingirem a idade em que a maioria das pessoas está apenas começando.

No entanto, em certo ponto, todos os atletas de elite aca-bam se cansando de realizar o trabalho implacável que é necessário para se tornarem excepcionais. Isso é especialmente comum com atletas que se tornam bem-sucedidos enquanto são jovens, como jogadores de tênis e atletas olímpicos, que sentem que nunca tiveram a oportunidade de ser crianças porque sempre estiveram trabalhando, treinando, viajando e competindo. Quando nunca tivemos a oportunidade de ser crianças, desejamos isso; afinal, é algo totalmente instintivo querer se divertir, ignorar as regras e esquecer as responsabilidades, as metas e o desempenho. Eu entendo. Mas estou convencido de que a infância é superestimada; podemos ter uma infância muito melhor durante a vida adulta, quando temos a liberdade e o dinheiro para aproveitá-la. Temos essa pequena oportunidade de nos tornamos lendas e o resto da vida para agirmos como crianças, independentemente da idade. Vá até onde você puder; mesmo que chegue aos 30 ou 35 anos, você ainda terá décadas para aproveitar o que construiu para si mesmo.

Alguns atletas sabem que chegaram ao fim e pronto. Mas quando esse *burnout* afeta um cara que não chegou ao fim, é extremamente difícil para ele encontrar o caminho de volta para o ponto em que estava. Talvez ele tenha ganhado um título, desacelerado durante a *off-season* e voltado no ano seguinte se sentindo um pouco contente e satisfeito. Em geral, apenas uma coisa pode trazê-lo de volta: o espírito de competição, a ideia de que outra pessoa tomará o que lhe pertence, entender que, enquanto ele se contentava em engordar e relaxar, todos os demais ainda estavam magros e famintos. Então ele precisa se esforçar para alcançar os demais, senão não será o campeão por muito tempo.

No discurso de entrada de Michael no Hall da Fama, eu o ouvi dizer algo que me fez pensar: "Achei que tínhamos terminado, mas agora não tenho certeza." Ainda não tenho certeza. Estarei preparado, só para garantir.

Um Limpador sente o *burnout* como todos os demais. Porém, a ideia de se afastar e não pensar no que ele deixou para trás lhe causa mais ansiedade e estresse do que seguir em frente; esse vício ainda quer ser satisfeito. É por isso que vemos jogadores se aposentando e voltando; eles ainda não estão satisfeitos e ainda têm algo para provar. Não para outros, mas para si mesmos. A pressão é interna.

Anseie essa pressão, aceite-a e nunca a abandone.

Você não precisa gostar dela. Basta ter um desejo insaciável por resultados.

• • •

Já realizei e experimentei coisas "impossíveis" para perceber que nada é impossível, e todos os dias anseio pelo desafio de provar isso. É por isso que treino apenas atletas, e não celebridades de Hollywood: tudo o que faço gira em torno do desempenho, e quando meus jogadores entram em quadra, não há maquiagem, roteiro ou lugar para se esconder. O que quer que aconteça, todos poderão ver. Os erros dos atores e das atrizes podem ser mascarados e editados; meus jogadores não têm onde se esconder. Eu amo essa pressão. Amo ajudar esses atletas a estarem prontos e a enxergarem todo esse trabalho duro se transformar em uma obra-prima a que o mundo todo assiste. Eu amei ajudar Michael a entrar em forma para jogar beisebol e, depois, a entrar em forma para jogar basquete e ganhar mais três anéis, além dos primeiros três. Amei ajudar Kobe a atingir o nível mais alto e ir além, para que ele pudesse correr atrás de seu sonho no quarto e no quinto campeonatos e ainda seguir em frente para alcançar mais. Amei me encontrar com Pat Riley na noite em que o Miami venceu o campeonato de 2012, quando ele me perguntou como fiz com que Dwyane se tornasse tão explosivo em tão poucos dias. Uma situação me é apresentada e dou um jeito de fazê-la funcionar. É isso o que me motiva. Um novo desafio todas as vezes, uma nova maneira de fazer as coisas melhor do que fizemos antes.

Admito: não é fácil me impressionar, e é difícil me ensinar uma coisa que posso aprender por conta própria. Mas existe uma pessoa que me ensina todos os dias e me desafia de formas que nunca achei que fossem possíveis: minha linda e inteligente filha, Pilar. Ela é minha prova viva de que as emoções nos enfraquecem, porque, quando o assunto é ela, eu me transformo apenas em um papai apaixonado por sua garotinha. Ela é inteligente e linda como sua mãe, e meu motivo para deixar meu lado obscuro da intensidade, da competição e da pressão constante e entrar na luz e no amor que ela me dá todos os dias de minha vida. Desejo sinceramente que tudo o que eu faça a deixe orgulhosa de mim, assim como tenho orgulho dela.

Estou dizendo isso porque o conselho que dou à minha filha é o mesmo conselho que dou a você, para que saiba que isso é verdade:

Tudo com o que sonhamos, tudo o que vemos, ouvimos e sentimos ao dormir não é fantasia. É nosso instinto nos dizendo que isso pode ser real. Siga essas visões, esses sonhos e desejos e acredite no que você sabe. Somente você pode transformar esses sonhos em realidade. Nunca pare até fazer isso.

As maiores batalhas que você travará serão contra si mesmo, e você sempre deverá ser seu maior oponente. Sempre exija mais de si mesmo do que os outros exigem de você. Seja honesto consigo mesmo. Dessa forma, poderá lidar com cada desafio com confiança e acreditando profundamente que está preparado para o que der e vier. A vida pode ser complicada; a verdade não é.

TIM S. GROVER

Eu realmente acredito que não tenho limites. Você deve acreditar na mesma coisa sobre si mesmo. Ouça seus instintos. Eles estão lhe dizendo a verdade.

Quero ter a satisfação de saber que cada passo que dou, cada pensamento, cada ideia, cada ação me leva mais longe do que qualquer pessoa jamais foi e me torna melhor do que qualquer pessoa no mundo. É isso o que me motiva. O que quer que seja que o motive, permita que isso o leve aonde você deseja estar. Você pode obter tudo o que deseja. Seja um Limpador e corra atrás.

Seja implacável.

Pronto.

Próximo.

Agradecimentos

Um "obrigado" especial a todos aqueles que tornaram este livro possível, em especial a Shannon Welch, editora sênior da Scribner, e a Shari Wenk, minha agente e coautora implacável, que provam que as mulheres são verdadeiras Limpadoras.

Agradeço também aos outros Limpadores da Scribner, em especial a Susan Moldow, Nan Graham e John Glynn, e a todos os atletas que me confiaram seus talentos ao longo dos anos e que, como eu, acreditam que não existe isso de bom o suficiente.

Leia um trecho de

*Jump Attack,** de Tim Grover

---

* Não publicado no Brasil.

P erto do fim da carreira de Michael Jordan com o Bulls, ele permitiu a uma equipe de filmagem que o acompanhasse para fazer um documentário sobre sua última temporada em Chicago. Certa manhã, bem cedo — talvez às 6 horas da manhã, ainda estava escuro do lado de fora, e os filhos de Michael estavam dormindo —, a equipe de filmagem foi até sua casa e obteve um breve vislumbre de sua academia particular, onde ele treinava. Esse vídeo nunca foi divulgado, mas posso dizer como ele começou:

O *cameraman* percebeu um pôster na parede — uma foto clássica de MJ voando pelo ar com a legenda O QUE O MICHAEL FAZ PARA VOAR? Ele deu zoom no pôster e, então, virou a câmera para Michael e lhe perguntou: "O que você *faz* para voar?"

Michael riu, meneou a cabeça, apontou para mim, do outro lado da academia, e disse: "Pergunte para ele."

Boa pergunta.

Sem dúvida, a genética de Michael lhe deu uma vantagem física: ele tem mãos grandes, membros compridos e músculos que se contraem rapidamente. Porém, ao contrário da crença popular, ele não é uma aberração da natureza. Sei que a intenção das pessoas é elogiá-lo quando falam isso sobre ele, mas acho que isso é um insulto, porque sugere que ele não precisou se esforçar para ser bem-sucedido. De fato, existem muitos atletas que têm as mesmas habilidades físicas que ele e, em alguns casos, são até mais habilidosos. Mas ele tem uma resistência mental que ultrapassa a resistência física de qualquer outra pessoa, e isso é o que separa atletas meramente grandes de superastros icônicos. É por isso que Kobe Bryant, nos seus 30 anos, consegue vencer caras muito mais jovens do que ele. Assim como Michael, ele tem a mentalidade, o foco e aquele impulso implacável para maximizar suas habilidades, ir além e nunca parar de trabalhar para melhorar.

Sem dúvida, existem muitos fatores que fazem Michael voar. Mas quando ele apontou para mim em sua academia naquela manhã, foi isto o que ele quis dizer: treinamos para maximizar suas habilidades e seus dons, para que ele pudesse atingir seu pleno potencial de todas as maneiras. E esse treinamento — o "segredo" de Michael ser tão explosivo e ter a capacidade de se lançar pelo ar — é a base do meu programa, o *Jump Attack*.

O *Jump Attack* é um exercício de circuito completo — pernas, braços, *core* — que dá resultados tanto no caso de jovens atletas que estão apenas começando como no de atletas experientes que desejam melhorar... e todos nós podemos melhorar em algum sentido.

Não é fácil. Mas se quiser provas de que o *Jump Attack* funciona, pergunte a algum de meus clientes. Esse é o mesmo programa que venho usando com os profissionais desde que o criei com Michael na década de 1990.

Aumentar o salto vertical e a explosão é uma das coisas mais difíceis de se realizar no treinamento atlético; exige que músculos específicos sejam ativados simultaneamente durante um período prolongado. Se tudo for feito da maneira correta, o todo funcionará em conjunto e produzirá resultados extraordinários; o treinamento certo o fará se elevar acima da competição. O treinamento errado o deixará de cara no chão.

Dê-me doze semanas e se esforce ao máximo e você receberá um plano completo, que inclui:

- Atletismo explosivo para o máximo desempenho em todos os esportes e em todas as atividades.

- Aumento de massa muscular, potência, velocidade e agilidade.
- Um físico mais fino e esguio.
- Resistência mental.
- Descanso e recuperação eficazes.
- Nutrição otimizada.
- Prevenção de lesões.

A chave do programa são minhas Sequências Explosivas, o componente crítico para desenvolver o corpo e as habilidades de um vencedor. Durante doze semanas, usarei dez exercícios únicos e novos para dominar as sequências, aumentar consistentemente seus saltos verticais, o atletismo geral e a massa muscular a cada fase do programa.

Dê uma olhada no sistema *Jump Attack*:

Semanas 1–3: Fase Um — Não Pense

Se você está pensando, está fracassando. Estamos preparando seu corpo, seus ligamentos, seus músculos e sua mente e testando-o mentalmente para que você possa estar pronto para passar pelas fases seguintes. Esses são exercícios isométricos — sem pesos — simples, porém desafiadores, que o farão suar como louco e ativarão seus músculos para reagirem como nunca. Não pense no que está fazendo. Apenas se concentre nos resultados e faça os exercícios.

Dia 1: Resistência Pernas nº1
Dia 2: Resistência Corpo Todo nº1
Dia 3: Alongamento e Recuperação
Dia 4: Resistência Pernas nº2

Dia 5: Resistência Corpo Todo nº2
Dia 6: Alongamento e Recuperação
Dia 7: Descanso

Semana 4: Descanso, Teste e Recuperação

Após cada fase, você terá uma semana para descansar seu corpo e se recuperar do trabalho intenso que vem realizando. Você será testado duas vezes durante cada semana de recuperação para medir seu progresso. Não desanime se não vir resultados rápidos; a recompensa vem no final do programa como um todo.

Semanas 5–7: Fase Dois — Ataque

Agora seu corpo estará pronto para o trabalho pesado; prepare-se para se esforçar como nunca. Acrescentaremos pesos, para sobrecarregar seus músculos e prepará-los para exercer mais força sobre o solo, ensinando-os a se ativarem vez após vez, sem fadiga ou fraqueza.

Dia 1: Potência Pernas
Dia 2: Potência Corpo
Dia 3: Alongamento e Recuperação
Dia 4: Potência Pernas
Dia 5: Potência Corpo
Dia 6: Alongamento e Recuperação
Dia 7: Descanso

Semana 8: Descanso, Teste e Recuperação

Outra semana para descansar e se recuperar. Permaneça ativo; use cada semana de recuperação para praticar seu esporte, permitindo que seu corpo comece a aprender a usar suas novas habilidades.

Semanas 9–11: Fase Três — Implacável

Qualquer pessoa pode começar algo, mas é necessário um vencedor para terminar. Se ainda está se esforçando para obter resultados, você é realmente implacável — vários profissionais não chegam a esse ponto. A Fase Três combina todos os exercícios das primeiras duas fases e leva tudo a um nível acima. Continue conosco um pouco mais para concluir o que começou.

Dia 1: Explosão Pernas
Dia 2: Explosão Corpo
Dia 3: Alongamento e Recuperação
Dia 4: Explosão Pernas
Dia 5: Explosão Corpo
Dia 6: Alongamento e Recuperação
Dia 7: Descanso

Semana 12: Descanso e Teste

Parabéns, você concluiu o programa *Jump Attack*. Mas ainda precisa passar pela semana final para descansar seus músculos e permitir que seu corpo se recupere por completo. Faça os dois testes finais, registre seus resultados e prepare-se para elevar o seu jogo a um nível completamente novo.

• • •

O *Jump Attack* é mais do que apenas um exercício; é um programa completo que satisfaz todas as suas necessidades e seus problemas atléticos.

Treine a Mente para Treinar o Corpo

Fato: Só poderemos nos tornar fisicamente fortes quando nos tornarmos mentalmente fortes... Precisamos ser invencíveis do pescoço para cima antes de nos tornarmos invencíveis do pescoço para baixo. Com base nos princípios de *Implacável*, mostrarei a você como ficar confortável com o desconforto e preparar sua mente e seu corpo para alcançar um novo nível de sucesso.

Para Começar

Vamos testar seu salto vertical pela primeira vez (você fará esse teste várias vezes durante o programa), e registraremos suas estatísticas iniciais para que você possa medir o próprio progresso. Aprenda as regras da maneira perfeita e realize o aquecimento do *Jump Attack* para obter flexibilidade e prevenir lesões.

Combustível do Jump Attack

Não colocamos gasolina barata em um automóvel de luxo e não abastecemos um corpo atlético com besteiras. Compartilharei o plano de nutrição que passo aos meus jogadores, incluindo uma lista completa do que você deve e não deve fazer, além de conselhos sobre suplementos e outros aceleradores de desempenho.

Prevenção de Lesões, Descanso e Recuperação

Independentemente de quão grandioso seja o atleta, lesões acontecem. Falaremos sobre como preveni-las antes que elas aconteçam e como se recuperar com segurança quando elas acontecerem. Como digo aos meus jogadores após uma lesão: não quero que você volte a ser como era antes; quero que volte mais forte do que nunca.

Manutenção Jump Attack

Ser o melhor significa nunca estar satisfeito; nunca paramos de trabalhar e nos aprimorarmos. É assim que aquele que é o melhor se torna ainda melhor. Não importa quão bons sejamos, sempre podemos fazer mais. No fim das doze semanas, a fase de manutenção lhe dará as ferramentas das quais você precisa para construir com base nos ganhos que obteve e estabelecer metas mais elevadas de excelência.

O Diário de Exercícios

Um registro de treinamento é o seu parceiro de exercícios mais importante; não podemos medir nosso sucesso no final se não soubermos em que ponto começamos. O livro inclui páginas em branco para registrar os resultados e manter um registro e pesos/repetições/estatísticas.

P&R *do* Attack Athletics

Todas as suas perguntas de treinamento respondidas, incluindo algumas que você nem sequer pensou em perguntar.

• • •

Esse é o esquema para pular mais alto, se mover mais rápido, desenvolver músculos e um poder explosivo. Seu trabalho é seguir o plano e se esforçar. Só isso. Não é necessário talento para se esforçar. Todos podem fazer isso. Os grandes talvez tenham nascido com um talento extraordinário, mas eles sabem a verdade: não basta chegar ao topo; precisamos lutar para permanecer lá.

Se você está realmente disposto a lutar, se está pronto para mudar seu corpo e seu jogo, se está determinado a comparecer e a trabalhar, iniciará uma jornada que o distinguirá na competição e o levará a lugares com os quais você nunca sonhou. *Jump Attack* combina o condicionamento mental que você dominou em *Implacável* e a conexão entre mente e corpo. *Implacável* fez com que você se tornasse mentalmente forte; agora você está pronto para se tornar fisicamente forte.

E funciona.

Durante as finais de 2012 da NBA, passei cinco dias em Miami com Dwyane Wade, meu cliente de longa data, vendo o que poderia ser feito com seu joelho lesionado, que precisaria ser operado logo após a temporada. O trabalho que fizemos juntos — às vezes até as 2 horas da manhã — continuará a ser algo particular, mas quando as finais terminaram, o Heat conquistou o título de campeão da NBA e o champanhe estava escorrendo no vestiário, o gerente-geral do Miami e Pat Riley, uma lenda da NBA, vieram até mim e disseram: "Eu gostaria de saber o que você fez para que Dwyane se tornasse tão explosivo em tão poucos dias."

A resposta é a premissa de *Jump Attack*.

Você precisará de mais do que os cinco dias que passei com Dwyane em Miami, mas o trabalho que realizamos — e o que faço com todos meus jogadores — é a base do que lhe entrego nesse programa. Durante mais de vinte anos, observei e treinei os melhores dos melhores; estudei como eles se tornaram melhores, o que funciona e o que não funciona. No meu negócio, o sucesso está nos detalhes: perceberei se sua perna treme, se seu arremesso está errado, ou se você está se cansando mais rápido ou mais devagar do que antes. Coloquei tudo o que aprendi, ensinei e sei em *Jump Attack*. É assim que os melhores se tornam ainda melhores, e o próximo pode ser você.

• • •

Para mais informações sobre o *Jump Attack* e Tim Grover, acesse <www.attackathletics.com>.

ÍNDICE

A

adaptação, 114
    pai de Tim Grover, 115
    Tim Grover, 123
admitir
    a derrota, 205
    erros, 205
ansiedade, 146
assumir riscos, 115
atacar e conquistar, 53, 61
atingir o impossível, 10
atitude
    implacável, 20
autocontrole, 177

B

barreira mental, 38
Bulls, 127, 129, 133, 175, 176, 199
burnout, 222–224

C

Charles Barkley, 48
clutch, 97
    Jeremy Lin, 99
comitivas, 185
compensação, 136
comprometimento, 18
concentração plena, 41
condicionamento mental, 35

ÍNDICE

confiança, 8, 84, 188

conhecimento básico, 161

controle, 190

D

desconforto, 39, 45

desempenho

  de elite

    intelectual e mental, 6

dieta Atkins, 46

dinheiro, 167

doença, 152

Dream Team, 19, 174

Dwyane, 101

Dwyane Wade, 17, 47

E

elaborar um plano, 148

emoções, 56, 62, 225

erros, 113

  assumir a culpa, 118, 122

  pressão, 118

    Tim Grover, 119

    Dwyane Wade, 121

escolha, 154

esforçar-se mais, 154

Esfriador, 26, 146

especialização, 150

  atirador de elite, 150

  Kobe Bryant, 150

espetáculo, 178

  Michael Jordan, 178

estar preparado, 165

  Kobe Bryant, 165

  temporada reduzida de 2011-2012, 164

estresse, 102, 104

  bom e ruim, 104

evolução, 205

exercícios vs fácil e conforto, 44

expressões faciais, 42

F

falhas do instinto, 117

fazer o que você já sabe, 77

Fechador, 27, 73, 74, 79, 98, 103

  LeBron James, 100

foco incondicional, 6

fonte de poder, 34

fortalecer a mente, 35–36

G

ganhar confiança, 43
gene de clutch, 97–98
Gilbert Arenas, 58
golpes da competição, 127
graduações de grandeza, 26

H

habilidade
    de exibir inteligência
        natural, 177
Hall da Fama, 19, 39, 223

I

identificar pontos fortes, 137
igualar o nível, 128
    Kobe Bryant, 129
    Michael Jordan, 128
    Dennis Rodman, 130
implacável, 18, 32, 99, 182, 218,
    222
imprevistos, 204
impulso competitivo, 19
infância, 223
instinto, 68, 69, 71, 82, 87, 93,
    126, 139, 146, 160, 190, 196, 203,
    205, 207, 225
    alterar, 71

animal básico
    assassino, 6
bebês, 68
diferenças entre Esfriador,
    Fechador e Limpador, 79
Larry Bird, 76
leão, 69
Michael Jordan, 74
Oprah, 78
instinto assassino, 19, 72
    Kobe Bryant, 72
instintos básicos de
    sobrevivência, 71
intensidade, 57
intimidação, 175
    Michael Jordan, 175
    Tiger Woods, 177

K

Kobe, 59, 76, 101, 120, 152, 193

L

lado obscuro, 31, 53, 55, 58, 69,
    80, 82, 85, 87, 100, 218, 225
    Charles Barkley, 90
    competição não declarada, 91
    controle, 86
    desafio da bebedeira, 91

ÍNDICE

Lei do Limpador, 92
Tiger Woods, 89
lar, 88
leão, 72
Lei do Limpador, 183, 196, 201
lidar com a realidade, 7
liderança, 18
limite, 41
Limpador, 4, 7, 18, 22, 55, 56, 59, 76, 78, 79, 93, 118, 131, 138, 145, 149, 152, 159, 169, 172, 182, 191
exemplos, 20
lado negro, 23
motivação, 23
objetivo, 216
vício, 218
Limpadores, 16, 38, 47, 63, 75, 98, 106
linguagem corporal, 129

M

Mamba-Negra, 55
manter o time intacto, 191
maquiagem psicológica, 94
máscara de normalidade, 89
medo, 42, 146
melancolia da vitória, 217
mente vs corpo, 35

Michael, 56, 101, 128, 152, 197
Michael Jordan, 11, 18, 106
mínimas vantagens, 39
motivação
implacável
interna, 6
mudar de direção, 206–207

N

nunca estar satisfeito, 221–222

O

Olimpíadas, 171, 174
opções demais, 37
Os Implacáveis 13, 31

P

pensamento
positivo
negativo, 146
perda de concentração, 58
planejamento, 134
Dwyane Wade, 133
preparo, 132
pressão, 99
constante, 104
LeBron James, 101, 102

Michael Jordan, 101
pressão implacável, 133
programa de perda de peso, 45

R

raiva
   controlada, 17
     silenciosa, 63
resistência mental, 41
resolução de problemas, 110
   Tim Grover, 110
   Dwyane Wade, 110
respeito, 173, 176
   ações, 173
     Michael Phelps, 175
     pais, 174
     Poderoso Chefão, 173
   dar o exemplo, 181
resultado, 25
ritmo cardíaco, 42

S

sem limites, 56
sentir-se confortável com o
   desconforto, 40
ser
   o melhor, 19, 70

profissional, 3
sistema de três níveis, 26
solucionador de prolemas
   corporativo, 111
sorte, 159
Steve Kerr, 130
sucesso ou fracasso, 200
   Attack Athletics, 203
   Michael Jordan, 200
     Charlotte Bobcats, 201
   Robbie Hummel, 210
   visão sobre, 203
sucesso pessoal, 26

T

talento, 166
temor, 173, 176
   Kobe Bryant, 173
tentar, 206
tipos de competidores, 26
tomar decisões, 144
   esperar, 147
trabalhar no mais alto nível de
   intensidade, 34
trabalho duro, 164, 168
treinadores Limpadores, 139
três regras, 36

ÍNDICE

V

verdade, 192
    desculpas e explicações, 195
    simplicidade, 194
vício
    na vitória, 221
visitante misterioso, 8

Y

Yankees, 202

Z

zona de concentração, 52–53,
    55–57, 60–61, 64, 72, 81, 89, 146,
    173, 181, 218, 222
    como entrar na, 60
    Dwyane Wade, 62
    Kobe Bryant, 55
    Michael Jordan, 55, 61
    motivos para entrar na, 54
    reproduzir, 62
zona de conforto, 38, 46

Projetos corporativos e edições personalizadas dentro da sua estratégia de negócio. Já pensou nisso?

Coordenação de Eventos
Viviane Paiva
viviane@altabooks.com.br

Contato Comercial
vendas.corporativas@altabooks.com.br

A Alta Books tem criado experiências incríveis no meio corporativo. Com a crescente implementação da educação corporativa nas empresas, o livro entra como uma importante fonte de conhecimento. Com atendimento personalizado, conseguimos identificar as principais necessidades, e criar uma seleção de livros que podem ser utilizados de diversas maneiras, como por exemplo, para fortalecer relacionamento com suas equipes/ seus clientes. Você já utilizou o livro para alguma ação estratégica na sua empresa?

Entre em contato com nosso time para entender melhor as possibilidades de personalização e incentivo ao desenvolvimento pessoal e profissional.

PUBLIQUE
SEU LIVRO

Publique seu livro com a Alta Books. Para mais informações envie um e-mail para: autoria@altabooks.com.br

 /altabooks   /alta-books   /altabooks   /altabooks

CONHEÇA OUTROS LIVROS DA **ALTA BOOKS**

Todas as imagens são meramente ilustrativas.

Este livro foi impresso nas oficinas gráficas da Editora Vozes Ltda.,
Rua Frei Luís, 100 – Petrópolis, RJ.